Fröhliche Wissenschaft 099

Charles Péguy

Das Geld

Aus dem Französischen und mit einem Vorwort von Alexander Pschera

Mit einem Nachwort von Peter Trawny

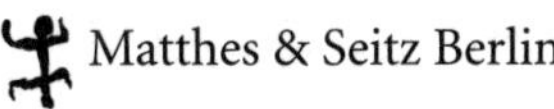

Inhalt

Vorwort
Péguy oder die Zärtlichkeit der Worte

Alexander Pschera

1.

Was ist das nur für ein Text? Er gibt sich anfangs aus als eine Hinführung zu einer größeren Abhandlung über das französische Grundschulwesen (Théophile Naudy, *Depuis 1880 : l'enseignement primaire et ce qu'il doit être*), verliert sich aber schon im nächsten Satz in einer autobiographischen Erinnerung und entwickelt im zweiten und dritten Absatz eine poetische Lebensphilosophie *in nuce*. Und so geht es weiter. In einer spiralförmigen Bewegung umschlingt Péguys richtungslos anmutender Text seinen Gegenstand und speist sich dabei aus zwei Quellen: aus den persönlichen Erinnerungen an die eigene Grundschulzeit und aus einer Analyse der zeitgenössischen Gesellschaft und ihrem Verhältnis zur Arbeit.

Auf Überlegungen zum »Geld«, die den geheimen Mittelpunkt des Textes bilden, muss der Leser lange warten. Das Wort »l'argent« taucht erst im letzten Drittel des Essays auf. Bis es so weit ist, verzweigt sich Péguys Text immer wieder aufs Neue, setzt an, bricht ab, missachtet dabei die Regeln der Interpunktion (oft fehlen Fragezeichen) und der Syntax (oft fehlen ganze Satzteile). Nebenäste sprießen unter Klammern hervor, in denen neue Gedankengänge knospen, die aber nicht weiter ausgeführt werden. Kurze, apodiktische Formulierungen wechseln mit elegisch-poetischen Passagen, scharfe Reflexionen mit lyrischen Flächen. Mal ist der Text ein Angriff, dann wieder Rückzug. An einer Stelle hat er den Mut zur Verabsolutierung, an einer anderen zieht er sich auf die individuelle Erfahrung zurück. Diese organisch sich entwickelnde Dialektik gilt auch für die behandelten Themen. Der Text entstand in der Zeit der französischen Laizisierung, der Trennung von Kirche und Staat. Péguy, der Sozialist und Christ war, trägt den Konflikt zwischen der individuellen Heils- und der allgemeinen Gesellschaftsordnung in sich aus und er trägt ihn in den Text hinein. Exemplarisch ablesbar ist das in den Sequenzen, in denen er die Erinnerung an die Lehrer seiner Grundschulzeit mit derjenigen an die Priester vergleicht, die ihn damals den Katechismus lehrten. Wie sehr das utopisch-urchristliche Denken Péguys mit dem Geist der Zeit der dritten Republik in Konflikt geriet, wird gerade in diesen Passagen sehr deutlich.

An diesem Punkt seines Textes angelangt, ist Péguy einerseits weit von seinem Ausgangspunkt abgeschweift, andererseits ist er an keiner Stelle so nahe an ihn herangerückt. Eben das ist das Prinzip der Digression: in der Abweichung seinem Gegenstand näher zu kommen. Péguys *L'Argent* ist ein archetypischer Text für diese autobiographisch-poetisch-denkerische Digressionsform, die seine in Deutschland bislang kaum bekannte Prosa kennzeichnet.[1] Diese Digressivität ist alles andere als Dekonstruktion. Péguy geht es um neue Begründungen, Zusammenführungen, Synthesen, nicht um kritische Zerlegung. Denn es ist gerade der Zerfall des Ganzen, den er anprangert – wohl wissend, dass die Beschreibung dieses Zerfalls nicht ausreicht, um der Hoffnung Raum zu schaffen. Es bedarf einer neuen Form der sprachlichen Geste, einer neuen Form der Handschrift. Péguys Einleitung zu der schulgeschichtlichen Spezialuntersuchung seines Lehrers Naudy, die im folgenden Heft der *Cahiers de la Quinzaine* (14. Serie, 7. Heft, 1913) abgedruckt wurde, ist, so könnte man daher sagen, ein Seelentext. Man kennt dieses Phänomen, dass aus einer bloßen Einleitung ein programmatischer Essay wird, zum Beispiel aus Hegels *Vorrede* zu den *Grundlinien der Philosophie des Rechts*. Nur bedingt erfüllt ein solcher Text seine Aufgabe, die Einleitung eines Herausgebers zu sein, die auf den Gegenstand der Lektüre vorbereiten soll. Vielmehr verdichtet sich in solchen Texten das Ego des Autors. In *L'Argent* bricht aus den Tiefen des Menschen Péguy ein Unbehagen an der Moderne hervor, zu deren Triebkraft das Prinzip der Simulation geworden ist, deren Symbol das Geld ist. Nicht nur, weil es den Wert der Arbeit von einem Ertrag abhängig macht, sondern auch, weil es vereinsamt.

Das führt neben der autobiographischen, der poetischen und der denkerischen zur vierten Digressionsebene, die für Gestik und Gestalt des Textes wesentlich ist: die soziale Ebene des kollektiven Schreibens. Denn ihren Ort hat diese Prosa in dem editorischen Lebensprojekt des Autors: den *Cahiers de la Quinzaine*, die Péguy gründete und leitete und derem Autorenkollektiv er als *primus inter pares* vorstand. Die erste Nummer dieser Zeitschrift erschien am 5. Januar 1900, das letzte von Péguy betreute Heft im August 1914.[2] Jede Ausgabe umfaßte zwischen 100 und 200 Seiten. Werbung gab es keine. Die zweimonatliche Zeitschrift finanzierte sich ausschließlich über den Einzelverkauf und über Abonnements (maximal waren es um die 1.500). Im Schnitt wurde eine Auflage von 2.000 Exemplaren gedruckt. Bis zu seinem Kriegstod am 5. September 1914 gab Péguy 238 Nummern heraus. Neben Péguy zählten zu den bekanntesten Beiträgern der *Cahiers* Romain Rolland, Julien Benda, Anatole France, Tolstoi, Georges Sorel, Georges Clemenceau, Suares, Jean Schlumberger und Daniel Halévy. Péguy war nicht nur Herausgeber und wichtigster Beiträger der *Cahiers*. Er war auch ihr Redakteur, ihr Setzer, ihr Buchhalter, ihr Vertriebsmann, ihr Finanzier. Er stand dem kollektiven Unternehmen der *Cahiers* vor. Mit den *Cahiers* verwirklichte er seine Idee eines intellektuellen Kollektivs. Jeder Mitarbeiter, Péguy eingeschlossen, erhielt das gleiche Gehalt, die gesamte Familie Péguy arbeitete an der Produktion und am Vertrieb der Zeitschrift mit.

Die *Cahiers* waren keine Zeitschrift im klassischen Sinn, ein Medium also, das auf den Leser hin konzipiert war. Sie waren vielmehr ein Endlosmanuskript, ein *Finnegans Wake* der politisch-poetischen, zum Teil auch theologischen Theorie, in dem lange und kurze Texte, Romane, Abhandlungen, Rezensionen, Lyrik und Aphorismen sich ablösten und gegenseitig kommentierten. Diese offene Form war deshalb möglich, weil die *Cahiers* von einem festen Leserkreis rezipiert wurden, der dem politischen und poetischen Denken Péguys und seiner Mitstreiter folgen konnte und wollte. Die *Cahiers* wurden in die Gegenwart hinein geschrieben, sie waren ein in der Zeit verankerter Denkraum, der einem in der ersten Nummer formulierten Grundsatz folgte, mit dem Péguy die *Cahiers* auf den Grundsatz größtmöglicher Wahrhaftigkeit verpflichtete und es dabei in Kauf nahm, den Leser dumm, langweilig oder traurig zurückzulassen. Zum Wahrhaftigkeitsanspruch gehörte übrigens auch die Entscheidung, die behandelten Themen Spezialisten anzuvertrauen und bewusst nicht Journalisten:

Dire la vérité, toute la verité, rien que la vérité, dire bêtement la vérité bête, ennuyeusement la vérité ennuyeuse, tristement la vérité triste – Die Wahrheit sagen, die ganze Wahrheit, nichts als die Wahrheit, die dumme Wahrheit dumm sagen, die langweilige Wahrheit langweilig, die traurige Wahrheit traurig.

2.

In *L'Argent* (1913) entwickelt Charles Péguy eine Kritik der Moderne als Kritik der französischen Bourgeoisie. Péguy ist weniger an einer ökonomischen Kritik des Geldes als Machtinstrument interessiert. Vielmehr fragt er nach einer grundsätzlichen Schuld des Mediums, die mit der metaphysischen Grundschuld des Menschen zu tun hat. Indem er die ökonomische Kritik hinter sich lässt und die existenzielle Funktion des Geldes befragt, stellt Péguy in dem, was man seine »Theologie des Geldes« nennen kann, weitreichende Thesen über die Rolle der Arbeit im menschlichen Leben auf.

Der Essay ist ein Abgesang auf das vor*industrielle*, nicht auf das vor*revolutionäre* Frankreich. Das zeigt, wo Péguy den Schnitt der Moderne zieht. Der entscheidende Epochenbruch ist für ihn nicht der politische, sondern der metaphysische. Die Revolutionäre von 1789, so Péguy, waren Menschen des *Ancien Régime*, die die Revolution nur spielten, sich also trotz der neuen Machtverhältnisse gleich blieben. Vor allem ihr Verhältnis zur Arbeit veränderte sich nicht – weil die Revolution an grundlegenden anthropologischen Strukturen der Arbeitswelt und des Arbeitens festhielt. Den epochalen Bruch, den Péguy beschwört, kann man aber noch genauer fixieren. Der entscheidende Einschnitt liegt später, und er hat zu tun mit dem Zeitgeschehen in Frankreich vor dem ersten Weltkrieg. Die »révolution moderne«, von der Péguy spricht, ist diejenige von 1902, als das linke Bündnis des »Bloc des Gauches« die Wahlen gewann und die antiklerikale Politik des Premierministers Émile Combe begann, aus der die Trennung von Staat und Kirche hervorging, die auch eine Abtrennung Péguys von seiner Jugend und seinen Freunden war.[3] 1902 war auch das Jahr einer kulturellen Revolution in Frankreich: In diesem Jahr wurde die höhere Schulbildung (*l'enseignement secondaire*) reformiert, indem die klassischen humanistischen Fächer den modernen gleichgestellt wurden. Auch der Literaturkritiker Albert Thibaudet sah den entscheidenden Bruch in der kulturellen Geschichte der französischen Moderne im Jahr 1902: »Im Jahr 1902 veränderte die Sekundarstufe, so, wie sie von den Jesuiten an die Universität des 18. und von dort an diejenige des 19. Jahrhunderts weitergegeben wurde, ihren Charakter. Die Unterrichtsfächer Latein und Griechisch werden mehr oder weniger abgewertet, die alten Sprachen, die humanistische Bildung sind nicht mehr das notwendige und hervorragende Zeichen der Kultur. Die Demokratie überflutet die Lehrkräfte. Die moderne humanistische Bildung erlangt Anerkennung«.[4]

Für Péguy bricht damit die Welt seiner Jugend zusammen: die Welt des französischen Volkes, dessen Wurzeln bis ins Mittelalter zurückreichen. Die Lehrer sind nun nicht länger von einer Erziehungsmission getrieben, ihr Berufsethos wandelt sich. Sie werden zu Arbeitnehmern, die das Recht zur gewerkschaftlichen Organisation haben. Sie wenden sich von ihrem ureigenen Auftrag, ihre Schüler auszubilden, ab und stürzen sich in den gesellschaftlichen Kampf, bei dem es, im Namen der Gleichheit, um die *éducation populaire* geht. Der für Péguy »schönste Beruf der Welt«, dessen Aufgabe es ist, reifende Menschen zu im klassischen Sinne gebildeten Bürgern zu machen, die das Fundament der Gesellschaft ausmachen und den Zusammenhang mit der Tradition sichern, wird zu einem Agitationsposten. Péguy sieht sich nun mit einem neuen Typus von Lehrer konfrontiert: Die antikirchlichen Gesetze bringen den pazifistischen, antiklerikalen Lehrer hervor, der seine *raison d'être* nicht darin sieht, seinen Schülern Lesen, Schreiben, Rechnen beizubringen, sondern darin, sich als ein Mitglied der Arbeiterklasse dem allgemeinen Bildungskampf zu verschreiben. Diesen Typus von »linkem Lehrer«, der bis in die 80er Jahre des 20. Jahrhunderts virulent bleibt, nannte auch Maurice Barrès einen »schlechten Lehrer«, der seine Rolle dazu mißbraucht, die Schüler ideologisch zu beeinflussen, indem er ihnen zum Beispiel einredet, nicht die Sonntagsmesse zu besuchen. Barrès hält dagegen: »Es ist die Aufgabe der Lehrer, die Gewohnheiten und Vorurteile, die zu Frankreich gehören, zu rechtfertigen.«[5]

Arbeit ist viel mehr als ein ökonomisches und gesellschaftliches Phänomen. Mit der Art des Arbeitens und mit den Bedingungen, unter denen ein Mensch arbeitet, spricht sich für Péguy seine Stellung zum Sein und zu Gott aus. Die vorindustrielle Gesellschaft, so Péguys Vision, war noch mit sich selbst identisch, insofern menschliche Handlungen noch um ihrer selbst willen geschahen. In ihr wurde das Leben um des Lebens willen gelebt, und nicht, um einen anderen Zweck zu erfüllen. Vor allem lebte man nicht, um reich zu werden. Man war reich, oder man war es nicht. Und dann wurde man entweder immer reicher, oder man blieb arm. Die Akkumulation von Geld als Ziel der Arbeit gab es noch nicht. *L'Argent* ist ein Abgesang auf diese verschüttete Welt des analogen, des ungeteilten, abbildlosen Menschseins. Péguys Kernthese lautet: Mit dem Geld trat das Abbild in die Welt und mit dem Abbild die Entfremdung des Menschen von sich selbst und von seinen Mitmenschen.

Für diese Verschüttung sind vor allem die ökonomischen Mechanismen des Geldes verantwortlich, das von einem reinen Tauschmedium, das das Leben vereinfachte, zu einem Selbstzweck wurde, der das Leben komplizierte. Als diese Mechanismen benennt Péguy Spekulation, Mehrwert und Käuflichkeit. Sie haben die Gesellschaft von innen heraus zerstört, indem sie auch die Arbeiter zu monetär, das heißt bourgeois denkenden und handelnden Menschen machten. Die Folge davon ist, dass die Arbeiter im Streik, in der Sabotage der Produktion oder durch Faulheit ihre Arbeitskraft zur Waffe machen, also mit dem Gegenwert des Geldes spekulieren, Arbeit also zu einer Funktion des Geldes degradieren. Der Sozialist Péguy hat nichts übrig für faule Arbeiter, die sich damit brüsten, auf der Baustelle oder in der Werkstatt möglichst wenig zu tun, und dieses Nichtstun auch noch für einen politischen Erfolg ausgeben. Dieser »Arbeitskampf« ist für Péguy Symptom des Zerfalls und der Unfreiheit, weil er den Geist der Arbeit zerstört und Arbeit auf den monetären Gegenwert reduziert. Péguy ist kein Marxist. Gleichheit ist für ihn nicht identisch mit Freiheit. Ihm geht es um eine grundsätzliche, metaphysische Neubestimmung des Werts von Arbeit.

3.

Der modernen, durch das Prinzip des Ökonomischen gespaltenen Gesellschaft stellt Péguy die Erinnerung an eine zwar ungleiche, gleichwohl aber freiere Welt gegenüber. In dieser alten Welt war niemand der Sklave eines abstrakten Mehrwerts, und er war auch nicht Sklave der eigenen Bedürfnisse. Dieser unmittelbare Zugang zum Leben wurde durch das Geld ebenso zerstört wie der Sinn der Arbeit. Das Ethos der Arbeit begründet sich anders. Wenn sie aus sich heraus geschieht, dann kann Arbeit sogar zu einem Gebet werden. Selbst die Formel »Ora und labora« trennt noch zwischen einer Zeit des Gebets und einer Zeit der Arbeit. Bei Péguy fallen Beten und Arbeiten zusammen – »lab-ora«, würde er sagen.

Dieses Selbst-Sein durch Arbeit, durch den Handgriff, durch das Tun ist Ausdruck einer gewachsenen Freiheit, keiner politisch gemachten. Sie ist das Gegenteil von jener »Befreiung von«, als die die Freiheit von den Sozialisten des 19. Jahrhunderts verstanden wurde. Die Freiheit, die Péguy meint, ist vielmehr eine

»Befreiung zu«. Die Unfreiheit des industriellen Zeitalters ist daran ablesbar, dass sie weder eine »Befreiung zu« noch eine »Befreiung von« kennt. Die Kontrolle wird zur Selbstkontrolle und schließlich zu einer inneren Abwendung vom Willen zur Freiheit selbst. Die innere Form der Unfreiheit, die man sich in einer entfremdeten Arbeitswelt selbst auferlegt, in dem Bewusstsein, freier zu sein denn je, ist eine Selbstversklavung, mit der sich der Mensch unter das Joch der Produktivität und des Funktionierens begibt. Die Gesetze der digitalen Welt, in der die Quantifizierung des Ich aus freien Stücken vorangetrieben wird, geben der These Péguys recht.

Man kann Péguys romantisierende Sicht einer Welt vor der industriellen Arbeit kritisieren und einwenden, dass es sich hierbei um eine Überhöhung eines altertümlichen Arbeitsethos handelt, das der historischen Realität nicht entspricht. Wenn man aber so verfährt, dann übersieht man den poetischen Charakter dieser Prosa. Péguy formuliert eine Vision, er ist eher ein Prophet des Vergangenen als ein Historiker. Péguy zeigt nicht nur, dass die Logik der Ökonomie die Gesellschaft zerstört und die Arbeit zu einer Funktion macht, die keine positive Wirklichkeit jenseits des Mehrwerts erzeugt, sondern er lässt das »Geld« im

Verlauf des Essays mehr und mehr zu einer Metapher werden für das Virtuelle als Grundstruktur der modernen Welt. Auf die Analyse der Arbeit folgt denn auch die Analyse des Bewusstseins und der Sprache der Arbeiter – und mit diesen »Arbeitern« sind natürlich nicht nur die Angehörigen einer bestimmten sozialen Schicht gemeint, sondern alle Menschen, da »Arbeit« im vormodernen Sinn als ein existenzielles Prinzip gedacht wird.[6]

Péguy hatte mit seiner Prognose Recht: Vieles, was man heute denken und tun kann, geschieht nicht mehr aus sich heraus, ist nicht mehr Wert an sich, sondern ereignet sich nur noch deshalb, weil es an anderer Stelle, die vom Akteur nicht mehr bestimmt werden kann, einen Wert erzeugen muss. Jedes Tun zur Arbeit zu machen und ihm einen Mehrwert abzugewinnen, das ist die Logik der totalitär gewordenen kapitalistischen Ordnung, die sich, wo sie nur kann, das Gesicht des Vergnügens gibt. Damit hat die Moderne das Bewusstsein und die Sprache des Menschen, seine ursprüngliche Antriebskraft und seine Motivation, überschrieben. Das Ergebnis ist jene überall anzutreffende Uneigentlichkeit des Seins und des Sprechens, in der wir uns heute problemlos wiedererkennen können und die Péguy vorausahnte:

»Man achtet nicht mehr auf das, ja man beachtet nicht mehr das, was die Menschen tun, was sie sind, selbst nicht das, was sie sagen. Man achtet auf das, was die Menschen sagen, was sie tun, auf das, was sie sagen, was sie sind, auf das, was sie sagen, was sie sagen.«

Der Geist der Arbeit ist aber auch nicht zu verwechseln mit dem Geist des Handwerks und der Handarbeit. Diese Differenzierung war Péguy als geistigem Arbeiter wichtig. Denn die Ideologie des Manuellen ist selbst schon wieder funktional, weil sie die Arbeit der Hände auf das vermarktbare Objekt, das ihnen entspringt, ausrichtet. Der Geist des Selbst-Seins ist auch nicht der vielfach unscharfe Geist der »guten alten Dinge«, der als ein restaurativer im Handgemachten den Reflex einer besseren Ordnung sieht. Beide Formen sind nicht mehr als ein merkantiler Ausdruck einer Form von gesellschaftszerstörender Rückwärtsgewandtheit. Der Geist des Stuhlbeins, den Péguy beschwört, ist nicht der Geist des Vergangenen, sondern der Geist des Ungeteilten. Es ist der Geist des Konkreten, dessen Wesen darin besteht, ohne sein eigenes Abbild Bestand zu haben.

Was aber bedeutet das für den Schriftsteller Péguy, und was bedeutet es für seinen Stil? Der Geist des Konkreten zeichnet sich dadurch aus, keinerlei Ästhetik oder Theorie verpflichtet zu sein, insofern ästhetische oder theoretische Verpflichtung immer ein Schritt in die Abstraktion hinein ist. Eine Ästhetik des Unsichtbaren richtet sich aus am enigmatischen Ideal des Verborgenen, eine Ästhetik des Sichtbaren produziert Oberflächen, die eine visuelle Emanzipation vom Sein mit sich bringen. Arbeit als Erzeugen geschieht hier immer im Hinblick auf ein visuelles Ergebnis oder Nichtergebnis. Die Arbeit am Stuhlbein oder an einer in der Höhe des Kirchendachs verborgenen Kathedralskulptur ist dagegen nicht auf ein Sichtbarmachen ausgerichtet, sondern sie ist die Verrichtung eines Möglichen vor dem Angesicht Gottes. Sie ist eine Schöpfung, die den Dialog mit dem Schöpfer sucht. Insofern ist Arbeit Gebet. Diese Arbeit arbeitet nicht am pharisäischen Gesehen-Werden, sondern am Stehen in einem Seinszustand, in dem die Gottgleichheit des Menschen erfahrbar ist. Sie geschieht, weil sie geschehen muss, weil Gott sie in die Welt setzt. Arbeit macht nicht »frei«. Vielmehr artikuliert sich in der Arbeit die Freiheit des Menschen. Deshalb konnte Péguys Zeitgenosse Bloy schreiben: »Die Arbeit ist das Gebet des Sklaven. Das Gebet ist die Arbeit des freien Menschen.« Diesen Geist des Selbst-Seins als ein arbeitendes Bei-Gott-Sein entwickelt Péguy in seiner Kritik des Geldes als einer Kritik an der Moderne, die durch ein Zurücktreten Gottes und ein Eintreten des Geldes als Paradigma der Sichtbarmachung und der Simulation gekennzeichnet ist.

4.

Péguy stellt menschliche Arbeit und Bildung als eine Stasis des Für-sich-Seins, die zugleich eine Möglichkeit des Bei-Gott-Seins ist, der Dynamik des Geldes gegenüber. Das diktatorische Moment des Geldes ist dabei nicht durch das Geld selbst gegeben, sondern wird erst dann bestimmend, wenn das Geld von einem Tauschmedium zu einem Selbstwert und Spekulationsobjekt hypostasiert wird. Denn Geld zu verdienen für seine gut getane Arbeit, dagegen hat Péguy nichts. Erst das Zu-sich-Kommen des Geldes, das dessen wahre Natur offenbart, wird zum Problem, weil es den Rückzug Gottes und die Einsamkeit des Menschen bedeutet.

Ist das nun ein Problem der Moderne? Die Dialektik Péguys macht auch einer solch einfachen Problembeschreibung einen Strich durch die Rechnung. Denn auch in der Begriffsmatrix von Moderne und Vor-Moderne liegt jene Gefahr der Abstraktion von sich selbst – in diesem Fall die Abstraktion der Zeit und des Zeitgefühls. Denn wo die Vormoderne als Denkfigur existiert, da wird die Möglichkeit des In-der-Zeit-Stehens aufgehoben. Mit dem Begriff der »Vor-Moderne« wird die Zeit schon auf eine kommende Moderne hin ausgerichtet. Wer rückblickend die Zeit der Vormoderne immer schon als Ära der Vor-Moderne denkt, der kann Péguy nicht verstehen. Aber können wir Péguy dann überhaupt lesen? Sind wir nicht schon in einen teleologischen Mechanismus eingespannt, der alles auf die Moderne, auf die ökonomische Moderne und ihre Zwänge zumal, ausrichtet? Haben wir nicht schon längst gelernt, den Schein, das Halbfertige, die Anmutung als Wirklichkeiten zu akzeptieren und den Geist des Stuhlbeins als Anachronismus zu belächeln?

Wäre dem so, dann könnten wir Péguy nicht mehr verstehen. Dann wäre aber auch jeder Versuch Péguys selbst, jenen Geist des Für-sich-Seins zu evozieren, in sich verfehlt – denn auch er muss die Zeit vor der Moderne als eine Vor-Moderne lesen. Anders gesagt: Der Weg, den Péguy findet, die Ruhe des vormodernen Arbeitens zu beschreiben, muss auch der Weg sein, auf dem wir uns Péguys Text annähern. Alles andere wäre Lektüre als Simulation einer

Scheinwirklichkeit. Das Heraustreten aus dieser Einheit von Sprachgenese und Sprachnachvollzug gebiert die feindliche Figur des Intellektuellen. Spaemann hat Charles Péguys Essay *L'Argent* vor allem im Hinblick auf die Entstehung der Figur des modernen Intellektuellen gelesen.[7] Er zeigte, wo das »Denken des Lebens« sich vom »Leben des Lebens« ablöst. Péguys Text ist also zunächst eine deistisch begründete Kritik der ökonomischen Moderne. Er leistet aber zugleich eine Kritik des Denkens als eines nihilistischen Vollzugs der Differenz von Sein und Denken.

Péguy versucht, diese Differenz in seinem Text zu unterdrücken, um nicht seinerseits in das »Schreiben des Lebens«, in das »Schreiben seiner Erinnerung« zu verfallen. Er tut das, indem er seiner Prosa die Form der Annäherung, der Ahnung gibt. Der Text muss und soll ein Versuch bleiben, das Gefühl eines Verlustes zu benennen. Denn die Benennung des Verlusts ist die einzige Möglichkeit, die notwendige Gegenwart der Differenz zu gestalten. Daher eignet dem Essay eine Unfertigkeit, eine Skizzenhaftigkeit, die sich sprachlich als ein immer wieder neues Ansetzen ausdrückt. Diese Eigenart des Textes, der aus seinem Gegenstand nicht heraustreten will, muss auch der Ausgangspunkt für die deutsche Übersetzung sein. Eine Übersetzung des Péguy'schen Textes, der seinerseits eine Übersetzung einer Ahnung in Sprache war, muss sich befragen lassen, was es bedeutet, ein bloßes Ahnen zu übersetzen. Es gibt darüber hinaus ein grundsätzlicheres Problem: Die Verbindung zum Geist des Konkreten ist für Péguy die französische *Sprache*, in der dieser Geist wie in einer Nussschale aufbewahrt und über den Ozean der Zeit hinweggetragen wird. Die phänomenale Gestalt der französischen Sprache ist erst die Bedingung der Möglichkeit dieses Textes. Dieses Bewahren der Vergangenheit im Bewahren der dem Zerstörungspotenzial der Moderne noch entzogenen Sprache ist in einer Übersetzung nicht zu leisten. Denn die Vergangenheit, die in der deutschen Sprache aufscheinen könnte, ist mit der Péguys natürlich nicht identisch. So gesehen ist kaum ein Prosatext von Péguy übersetzbar. Denn im Strahlenkranz der Assoziationen der französischen Vokale und Konsonanten scheint eine emotionale Identität auf, die in keinem anderen Sprachmaterial einen Abdruck hinterlassen kann. Und dieser Strahlenkranz ist das Resultat der guten Arbeit, die Péguy als Autor vorschwebt.

Es wäre dabei völlig verfehlt, Péguy die Begründung einer neuen Poetik zu unterstellen. Das Problem, das entsteht, wenn man auf eine

Krise der Kunst mit einer Theorie der Kunst reagiert, erkannte auch der Freund Péguys Jacques Maritain in seinem 1920 erschienenen Text *Art et Scolastique*. Beide Autoren sehen die Probleme einer neuzeitlichen Ästhetik, die sich aus den vielfältigen Verwirrungen des 19. Jahrhunderts ergeben. Sie erkennen die Notwendigkeit einer Neubegründung der Kunst, ihrer Rückbindung an den Gedanken des Absoluten. Bei beiden steht dabei die konkrete Arbeit des Künstlers im Mittelpunkt, die sie als eine spirituelle Anstrengung verstehen, die sich in jeder Geste ihrer Verantwortung bewusst sein muss: »Wenn man aufs Neue das Material der Scholastiker versammelte und durcharbeitete, so könnte man eine vielfältige und vollständige Theorie der Kunst zusammenstellen. Wir wollen in diesem Buch nur einige Aspekte dieser Kunst andeuten und bitten zugleich für die dogmatische Geste um Entschuldigung, die dieser Essay mit sich bringt, und wir hoffen, dass diese Überlegungen über scholastische Maximen trotz ihrer Unzulänglichkeiten die Aufmerksamkeit auf den Nutzen eines Rekurses auf die antike Weisheit lenken, wie ebenso auf das mögliche Interesse eines Dialogs zwischen Philosophen und Künstlern, und das in einer Epoche, in der alle die Notwendigkeit verspüren, aus der enormen Verwirrung des intellektuellen Erbes des 19. Jahrhunderts hinauszutreten und die geistigen Bedingungen einer redlichen Arbeit wiederzufinden.«[8]

Der Künstler, der wahrhaft arbeitet – und das heißt bei Maritain und Péguy immer: im Angesicht Gottes –, kann das theoretische Potenzial seiner Arbeit nur »andeuten«. In Péguys *L'Argent* wird das, anders als bei Maritain, nirgends ausdrücklich so gesagt. Doch findet sich dieser Gedanke eingewoben in den poetischen Diskurs des Textes. Denn Péguys Prosa ist immer vergegenwärtigende Erzählung und Reflexion, Metapher und Gedanke in einem. Die Reflexion erschließt die Funktion der Arbeit im Verhältnis des Menschen zu Gott, die Erzählung stellt die Möglichkeiten der Sprache als Vermittlerin auf den Prüfstand. Die Grundspannung dieser Prosa ergibt sich aus ihrem signalhaften Titel, der die Erwartungshaltung des Lesers bestimmt, und ihrem ganz anders gearteten Verlauf, der den Titel lange nicht einlöst. Bis fast zum Schluss zögert Péguy die Benennung des abstrakten Prinzips heraus, unter dessen dunklem Schatten der Rückblick steht. Diese Struktur des Verzögerns öffnet den poetischen Raum, in dem die Erinnerung Fuß fassen und wachsen kann. *L'Argent* ist somit ein zugleich poetischer wie auch sprachkritischer Versuch, der zwar den begrifflichen Standort benennt, von dem aus er geschrieben wird, aber seine Wirklichkeit erst im zärtlichen Zurückholen und Vergegenwärtigen der Vergangenheit durch das Schreiben sieht. Aus dieser subtilen Spannung zwischen Erwartung und Gegenwart gewinnt der Text seine Wahrheit. Diese Wahrheit gründet in der Sanftheit, die Péguy jedem seiner Worte zuteilwerden lässt, weil es gerade das Wort ist, durch das Gott in die Welt gekommen ist.

Charles Péguy, »Das Geld« (1913)[9]

Aus dem Französischen von Alexander Pschera

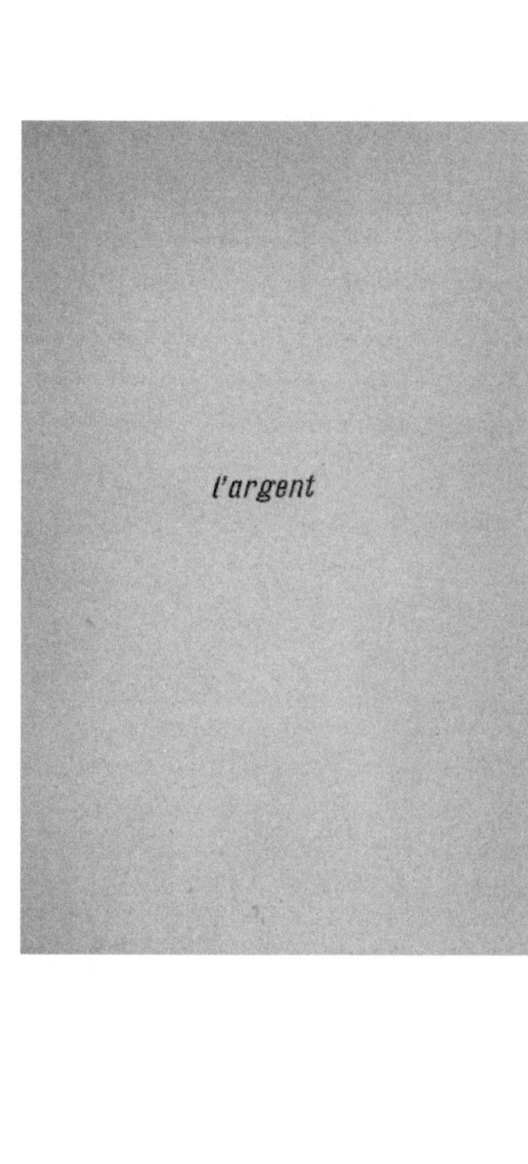
l'argent

L'Argent.[10] – Der Autor des folgenden Heftes – zu dem dieses hier nur das Vorwort darstellt – ist der Mann, dem ich am meisten zu verdanken habe. Ich war ein kleiner, achtjähriger Junge, einsam in einer hervorragenden Grundschule, als Monsieur Naudy[11] zum Direktor der *école normale du Loiret* ernannt wurde.

Nichts ist so geheimnisvoll wie jene stummen Vorbereitungen, die den Menschen an der Schwelle jedes Lebens erwarten. Noch bevor wir zwölf Jahre alt sind, ist das Spiel gelaufen. Keine zwanzig oder dreißig Jahre verbissener Arbeit, kein ganzes Leben voller Mühen können das verbinden oder auftrennen, was vor uns, ohne uns, für uns, gegen uns ein für alle Mal verbunden oder aufgetrennt wurde.

In jedem Leben gibt es einige dieser Knotenpunkte, jedes Leben wird bestimmt von einer sehr kleinen Zahl solcher Knotenpunkte; nichts geschieht ohne sie; nichts geschieht, ohne dass sie eine Rolle spielen; und der erste von ihnen bestimmt alle weiteren, er bestimmt sie unmittelbar, und durch sie alle anderen.

Es war die Zeit der *folies scolaires.* Damals nannten die Reaktionäre *folies scolaires* sehr redliche Konstruktionen aus Backstein oder aus Quaderstücken, in denen man den Kindern das Lesen beibrachte. Diese *folies scolaires* wurden vom Staat, von den *départements*, von den Kommunen eingerichtet; manchmal auch von einem großzügigen Spender. In der Regel waren es sehr saubere Häuser, die für die Kinder in jedem Fall viel besser taugten als der Schlamm der Bäche. Und als der Bach der Straße. Man muss zugestehen, dass sie (die *folies scolaires*) zu dieser Zeit in der Tat einen etwas vorlauten Eindruck machten. Nicht etwa, weil sie prächtig gewesen wären. In den Zeitungen stand, sie seien prächtig. Sie waren einfach nur sauber; und anständig. Aber sie waren etwas zu auffallend. Sie waren etwas zu zahlreich und sie schossen überall gleichzeitig aus dem Boden. Und vielleicht etwas zu schnell. Man baute von ihnen zu viele auf einmal. Und die, die man sah, waren zu präsent. Sie waren zu weiß, zu rot, zu neu. Vierzig Jahre sind über diesen Landstrich hinweggezogen. Eine einfache Reise nach Orléans würde den Betrachter ohne weiteres davon überzeugen, dass alle diese Schulgebäude heute wie wir sind: nicht zu auffällig.

Welchem Knotenpunkt ist es zu verdanken, dass man jenes prachtvolle Schulgebäude, jene *école normale des instituteurs du Loiret*, in ebenjener alten Vorstadt fertigstellte, nur drei- oder vierhundert Meter vom Haus meiner

Mutter entfernt (vielleicht waren es auch etwas weniger, denn ich hatte kurze Beine)? Mit sieben Jahren steckte man mich in die Schule. Es sollte lange dauern, bis ich sie wieder verlassen würde. Aber das war schließlich nicht meine Schuld. Und auch für die Folgen bin ich nicht ganz verantwortlich.

Man steckte mich in die *école normale*. Das sollte nicht das letzte Mal gewesen sein. Diesmal bedeutete es, dass man mich in das schöne kleine Nebengebäude der Schule eintreten ließ, das sich in einer Ecke des ersten Hofs der *école normale* befand, rechts neben dem Eingang, so etwas wie ein rechteckiges Nest, behördlich, ernst und zart. Dieses kleine Nebengebäude hatte natürlich einen eigenen Direktor, den man aber nicht mit dem Direktor der *école normale* selbst verwechseln durfte. Mein Direktor war Monsieur Fautras.[12] Ich sehe ihn noch vor mir. Ein erhabenes Regiment. Im Krieg war er Gefangener in Deutschland gewesen.[13] Er war gerade so davongekommen. Das verlieh ihm einen ernsten Glanz, eine Größe, von der wir Heutigen gar keine Vorstellung mehr haben. Und in ebenjener Schule sollte ich einige Jahre später dem wahrhaften Meister meiner Anfänge begegnen, dem sanftesten, dem geduldigsten, dem edelsten, dem höflichsten, dem über alles verehrten Monsieur Tonnelat.

Sollte ich lange genug leben und das Alter der *Confessions*[14] erreichen, werde ich – wenn die Vielzahl der begonnenen Unternehmungen uns dann den Raum lässt, eine Welt zu beschreiben, die wir gekannt haben – ein wenig darzustellen versuchen, was um das Jahr 1880 die wunderbare Welt der Elementarschule war. Ja, ich werde versuchen, jene damalige wunderbare Welt der Arbeiter und Bauern oder ganz einfach: jenes wunderbare Volk darzustellen.

Jenes Frankreich war im tiefsten Sinne das alte Frankreich, und jenes Volk war das Volk dieses alten Frankreichs. Es war eine Welt, auf die dieser schöne Name zutraf, in der dieses schöne Wort vom »Volk« seine volle, seine altertümliche Anwendung fand. Wenn man heute vom »Volk« spricht, dann macht man Literatur, sogar eine der niedrigsten: Wahlkampfliteratur, politische Literatur, parlamentarische Literatur. Das »Volk« gibt es nicht mehr. Jeder ist bürgerlich geworden. Denn jeder liest seine Zeitung. Das Wenige, was von der alten Aristokratie oder besser: den alten Aristokratien, übriggeblieben ist, ist zu einer niederen Bourgeoisie geworden. Die alte Aristokratie wurde, wie alle anderen, zu einer Geldbourgeoisie. Die alte Bourgeoisie wurde eine niedere Bourgeoisie, eine Geldbourgeoisie. Und die Arbeiter haben nur noch eine einzige Idee:

bürgerlich zu werden. Das ist sogar das, was sie meinen, wenn sie sagen, sie werden »sozialistisch«. Nur die Bauern sind Bauern geblieben.

Erzogen wurden wir in einer ganz anderen Welt. Man kann wirklich sagen, dass ein Kind, das zwischen 1873 und 1880 in einer Stadt wie Orléans erzogen wurde, das alte Frankreich, das alte Volk, *das* Volk buchstäblich berührte, dass dieses Kind am alten Frankreich, am Volk buchstäblich teilhatte. Man kann sogar sagen, dass es daran vollständig teilhatte, denn das alte Frankreich war noch unversehrt, intakt. Der Zusammenbruch hat sich sozusagen auf einmal und in wenigen Jahren ereignet.

Vielleicht kann man es so ausdrücken: Wir haben das alte Frankreich gekannt und berührt, und wir haben es als ein unversehrtes gekannt. Wir waren seine Kinder. Wir haben ein Volk gekannt und wir haben es berührt, wir haben zu diesem Volk gehört, als es dieses Volk noch gab. Selbst der ärmste Arbeiter jener Zeit war ein Mann des alten Frankreich, heute ist nicht einmal der unerträglichste Schüler von Monsieur Maurras[15] im Ansatz ein Mann des alten Frankreich.

Ich werde versuchen, es so gut wie möglich darzustellen. Eine sehr intelligente Frau, die munter ihre Siebziger überschritten hat, sagte einmal: Die Welt hat sich in den ersten sechzig Jahren meines Lebens weniger verändert als in den letzten zehn Jahren.[16] Man muss noch weiter gehen. Man muss mit dieser Frau sagen, man muss über sie hinausgehend sagen: Die Welt hat sich seit Jesus Christus weniger verändert als in den letzten dreißig Jahren. Es gab das antike Zeitalter (und das biblische). Es gab das christliche Zeitalter. Es gibt das moderne Zeitalter. Ein Bauernhof in der Beauce stand nach dem Krieg[17] einem gallo-römischen Bauernhof unendlich viel näher als einem heutigen, oder besser gesagt: Er stand genau jenem gallo-römischen Bauernhof (im Grunde sogar einem Bauernhof aus Xenophons Zeit) den Sitten, der Stellung, der Ernsthaftigkeit, der Würde nach unendlich viel näher als einem Bauernhof, wie er sich heute präsentiert. Ich werde versuchen, es zu beschreiben. Wir kannten noch die Zeit, in der sich in einem Frauenzimmer, das etwas sagte, seine Herkunft aussprach, sein Wesen, sein Volk. Es kam aus ihr hervor. Und wenn ein Arbeiter sich eine Zigarette anzündete, dann war das, was er danach sagte, nicht das, was der Journalist an jenem Morgen in der Zeitung geschrieben hatte. Die Freidenker jener Zeit waren christlicher als die Frommen von heute. Eine gewöhnliche Pfarrei jener Zeit war einer Pfarrei aus dem 15. oder 4. Jahrhundert, oder aus dem 5. oder 8., unendlich viel näher als einer heutigen Pfarrei.

Genau deshalb ist man heute geneigt, äußerst ungerecht und, was vielleicht noch schlimmer ist, *unempfänglich* zu sein gegenüber Michelet und seinen Artgenossen.[18] Ja geradezu unintelligent. Wenn man heute vom »Volk« spricht, dann benutzt man in Wirklichkeit eine Sprachfigur, eine recht arme Sprachfigur, ja sogar eine Sprachfigur, die durch und durch leer ist, eine Sprachfigur, so meine ich, in die man nichts, aber auch gar nichts hineinlegen kann. Und obendrein eine politische und eine parlamentarische Figur. Aber wenn Michelet und seine Artgenossen vom »Volk« sprachen, dann waren sie es, die in der eigentlichen Realität standen, dann waren sie es, die von einem Wesen sprachen und die dieses Wesen gekannt haben. Nun aber ist dieses Wesen, dieses Volk, genau jenes, das auch wir gekannt haben und in dem wir erzogen wurden. Das wir noch in seiner vollen Funktionsweise kannten, in seiner ganzen Lebendigkeit, in seiner ganzen Substanz, in seinem ganzen freien Spiel. Und nichts konnte man vorausahnen; es schien, als sollte es niemals enden. Zehn Jahre später war nichts mehr da. Das Volk bemühte sich plötzlich darum, sich selbst zu töten, seine eigentliche Essenz auszulöschen, ungefähr so, wie die Familie von

Orléans sich – vielleicht etwas weniger schnell – anschickte, den König zu ermorden. Übrigens ist im Grunde alles, worunter wir leiden, ein Orléanismus; ein Orléanismus der Religion; ein Orléanismus der Republik.

Das müsste man in den *Confessions* unterstreichen. Sichtbar machen. Hörbar machen. Möglichst exakt, möglichst sorgsam und wenn möglich in seiner Einzigartigkeit, denn so etwas wird es nie wieder geben. Es gibt eine Unschuld, die man nicht zurückgewinnen kann. Es gibt ein Unwissen, das gänzlich verschwindet. Es gibt Unumkehrbares im Leben der Völker wie im Leben der Menschen. Rom wurde nie wieder zu einer Ansammlung von Strohhütten. Nicht nur als Ganzes ist alles unumkehrbar. Es gibt auch *Zeitalter*, ganz eigentümlich Unumkehrbares.

Wird man uns glauben? Wir sind in einem fröhlichen Volk groß geworden. In jener Zeit war eine Baustelle ein Ort, an dem die Menschen glücklich waren. Heute ist eine Baustelle ein Ort, an dem die Menschen schimpfen, sich anfeinden, sich schlagen; sich töten.

Zu meiner Zeit hatten alle ein Lied auf den Lippen. (Mich ausgenommen, aber ich war damals schon jener Zeit unwürdig.) In den meisten Berufsständen hatte man ein Lied auf den Lippen. Heute schnaubt man. Damals verdiente man so gut wie nichts. Die Löhne waren unvorstellbar niedrig. Und trotzdem futterten alle. Selbst in den einfachsten Häusern gab es eine Art Wohlstand, den man völlig vergessen hat. Im Grunde genommen rechnete man nicht nach. Und man musste auch nicht nachrechnen. Und man konnte Kinder erziehen. Und man erzog sie. Es gab nicht diese schreckliche ökonomische Erdrosselung, die heute von Jahr zu Jahr schlimmer wird. Man verdiente nichts; man gab nichts aus; und alle lebten.

Es gab nicht diese ökonomische Erdrosselung von heute, diese wissenschaftliche, kalte, rechteckige, gleichmäßige, saubere, klare Erdrosselung, die unausweichlich, erbarmungslos, weise, weit verbreitet, regelmäßig, bequem ist wie eine Tugend, gegen die sich nichts sagen lässt und der gegenüber derjenige, der erdrosselt wird, ganz offensichtlich Unrecht hat.

Wir werden nie wieder wissen, wie tief der Anstand und die Rechtmäßigkeit dieser Volksseele reichten; nie wieder werden wir eine solche Feinheit, eine solch tiefgründige Kultur finden. Auch nicht eine solche Feinheit und Vorsicht im Reden. Jene Leute würden über das, was heute als »bester Ton« gilt, erröten, den bourgeoisen Ton. Und heute sind alle bourgeois.

Wird man uns glauben? Und wieder kommen wir darauf zurück: Wir kannten noch Arbeiter, die begierig darauf waren, zu arbeiten. Man dachte nur ans Arbeiten. Wir kannten Arbeiter, die morgens an nichts anderes dachten als ans Arbeiten. Sie standen am Morgen, zu früher Stunde, auf, und sie hatten ein Lied auf den Lippen bei der Idee, arbeiten zu gehen. Um elf Uhr sangen sie auf dem Weg zur Suppe. Es war wie bei Hugo; und auf Hugo muss man immer wieder zurückkommen: *Ils allaient, ils chantaient.*[19] Die Arbeit war ihre ureigenste Freude, die tiefreichende Wurzel ihres Daseins. Und der Grund ihres Daseins. Damals gab es ein ungeheures Arbeitsethos, das schönste Ethos von allen, das christlichste, das einzige vielleicht, das stichhaltig ist. Das ist übrigens der Grund dafür, dass ich behaupte, ein Freidenker jener Zeit sei christlicher als ein heutiger Frommer. Denn ein Frommer von heute ist notwendigerweise ein Bourgeois. Und heute sind alle bourgeois.

Wir haben ein Arbeitsethos gekannt, das genau jenem glich, das im Mittelalter Herz und Hand regierte. Es war das gleiche, vollständig erhalten. Wir haben diese bis zur Vervollkommung vorangetriebene Sorgfalt gekannt, die sich auf das Ganze wie auch auf das kleinste Detail bezog. Wir haben diesen Kult des *gut gemachten Werks* gekannt, der bis zum äußersten Anspruch vorangetrieben und aufrechterhalten wurde. Meine ganze Kindheit lang habe ich gesehen, wie Stühle mit Stroh bespannt wurden, in demselben Geist, von demselben Herzen und von derselben Hand, mit denen dieses Volk den Stein seiner Kathedralen bearbeitete.

Was ist von alledem geblieben? Wie konnte aus dem tüchtigsten Volk der Erde, ja vielleicht dem einzigen tüchtigen Volk der Erde, dem einzigen Volk vielleicht, das die Arbeit um der Arbeit, um der Ehre, um des Arbeitens willen liebte, ein Volk aus Saboteuren werden, wie konnte daraus nur jenes Volk werden, das auf einer Baustelle alles daransetzt, gar nichts zu tun? In der Geschichte wird dies der größte und zweifelsohne einzige Sieg der bürgerlich-intellektuellen Demagogie sein. Aber man muss zugestehen, dass er zählt. Dieser Sieg.

Es gab die christliche Revolution. Und es gab die moderne Revolution. Das sind die zwei, die man aufzählen muss. Ein Handwerker meiner Zeit war ein Handwerker jeder beliebigen christlichen Epoche. Und zweifelsohne auch der jeder beliebigen antiken Epoche. Ein Handwerker von heute ist kein Handwerker mehr.

In diesem schönen Berufsethos verbanden sich die schönsten, die edelsten Gefühle. Würde. Stolz. *Niemals irgendetwas von jemandem verlangen*, sagten sie. Das sind die Ideen, in denen wir erzogen wurden. Denn um Arbeit bitten bedeutete, nicht zu bitten. Es war das Selbstverständlichste von der Welt, die natürlichste Forderung, es war nicht einmal eine Forderung. Es bedeutete, sich in einer Werkstatt an seinen Platz zu setzen. Es bedeutete, sich in einer arbeitsamen Stadt ruhig an den Arbeitsplatz zu setzen, der einen erwartete. Ein Arbeiter von damals wusste nicht, was das war: »um etwas betteln«. Die Bourgeoisie bettelt. Es ist die Bourgeoisie, die, aus ihnen eine Bourgeoisie machend, ihnen das Betteln beigebracht hat. Selbst in jener Frechheit von heute, in jener Brutalität, in jener Art von Ungereimtheit, die sie in ihre Forderungen hineinlegen, ist es sehr leicht, noch diese stumme Scham zu spüren, die darin besteht, gezwungen zu sein, etwas zu verlangen, vom Gang der Wirtschaftsgeschichte zum Betteln gebracht worden zu sein. Ah ja, heute bitten sie um etwas bei jemandem. Sie bitten sogar um alles bei allen. Einfordern bedeutet immer noch bitten. Es bedeutet immer noch dienen.

Diese Arbeiter dienten nicht. Sie arbeiteten. Sie hatten eine Ehre, die absolut war, wie es der Ehre zu eigen ist. Ein Stuhlbein musste gut gemacht sein. Das war selbstverständlich. Das hatte Vorrang. Es musste nicht gut gemacht sein für das Gehalt oder um das Gehalt zu rechtfertigen. Es musste nicht gut gemacht sein für den Chef oder für Kenner oder für die Kunden des Chefs. Es musste aus sich selbst gut gemacht sein, in sich selbst, für sich selbst, in seinem Wesen selbst. Eine hergebrachte, aus dem Tiefsten der Gattung kommende Tradition, eine Geschichte, ein Absolutes, eine Ehre wollten, dass dieses Stuhlbein gut gemacht sei. Alle Teile des Stuhls, auch die, die man nicht sah, waren genauso perfekt gemacht wie das, was man sah. Es war ein und derselbe Grundsatz. Wie bei den Kathedralen.

Und dabei bin ich es, der so lange nachforschen muss, ich, der Degenerierte. Für sie, bei ihnen gab es nicht den Schatten eines Gedankens. Die Arbeit war einfach da. Man arbeitete gut.

Es handelte sich nicht darum, gesehen oder nicht gesehen zu werden. Es war das Wesen der Arbeit selbst, die gut gemacht sein wollte.

Und ein unglaublich tiefes Gefühl davon, was wir heute »Sportsgeist« nennen, was aber damals überall verbreitet war. Nicht nur die Idee, das Beste zu erreichen, sondern die Idee, aus dem Besten, aus dem Guten mehr herauszuholen. Es ging nicht nur darum, wer etwas am besten konnte, sondern darum, wer am meisten konnte, es war zu jeder Stunde ein schöner, beständiger Wettkampf, von dem das Leben selbst durchdrungen war. Durchwoben.

Ein abgrundtiefer Ekel vor dem schlechten Werk. Eine überlegene Verachtung für denjenigen, der schlecht arbeitete. Aber das kam ihnen gar nicht einmal in den Sinn.

Alle Ehren liefen in dieser einen Ehre zusammen. Anstand und Feinheit der Sprache. Achtung vor dem Heim. Ein Gespür für Achtung, Achtung für alles, wovor man Achtung haben kann, Achtung vor der Achtung selbst. Eine sozusagen beständige Zeremonie. Übrigens vermischte sich das Heim noch sehr oft mit der Werkstatt, und die Ehre des Heims und die Ehre der Werkstatt waren ein und dieselbe Ehre. Es war die Ehre desselben Ortes. Es war die Ehre desselben Feuers. Was ist aus alledem geworden. Vom Aufstehen an war alles Rhythmus und Ritus und Zeremonie. Alles war ein Ereignis; geheiligt. Alles war Tradition, Unterrichtung, alles war ererbt, alles war heiligste Gewohnheit. Alles war Erhebung, eine innere, und Gebet, den ganzen Tag, der Schlaf und das Wachen, die Arbeit und die seltene Ruhe, das Bett und der Tisch, die Suppe und das Rind, das Haus und der Garten, die Tür und die Straße, der Hof und die Türschwelle, und die Teller auf dem Tisch.

Lachend – und um die Pfarrer zu ärgern – sagten sie, *Arbeiten ist wie Beten*, und sie wussten gar nicht, wie recht sie damit hatten.

So sehr war ihre Arbeit ein Gebet. Und die Werkstatt eine Kapelle.

Alles war das immerwährende Ereignis eines schönen Ritus. Wie wären die Arbeiter überrascht gewesen, wie sehr hätten sie sich nicht nur geekelt, sondern es mit Unglauben betrachtet, und wie sehr hätten sie geglaubt, man mache sich über sie lustig, hätte man ihnen gesagt, dass nur wenige Jahre später die Arbeiter – die Gesellen – sich auf den Baustellen absprechen sollten, so wenig wie möglich zu schaffen, und dass sie dies dann gar für einen großen Sieg hielten. Eine solche Idee – geht man davon aus, sie hätten diese überhaupt erfassen können – wäre für sie einer Selbstverstümmelung, einem Angriff auf ihr Wesen gleichgekommen; sie hätte bedeutet, an ihren Fähigkeiten zu zweifeln, weil es bedeutete, nicht so viel zu geben, wie man von Natur aus geben kann. Das ist, als würde man einem Soldaten unterstellen, er könne nicht siegen.

Auch sie lebten in einem unaufhörlichen Sieg, aber wie anders dieser Sieg war! Ähnlich und doch so anders. Ein Sieg zu jeder Stunde des Tages und an jedem Tag des Lebens. Ein jedem beliebigen militärischen gleichwertiger Sieg. Gefühle wie bei der kaiserlichen Garde.

Und daraus folgten und damit verbanden sich alle schönen, beigeordneten oder verwandten, alle abgeleiteten und ähnlichen Gefühle. Achtung vor den Alten; den Eltern; den Verwandten. Eine bewundernswerte Achtung vor den Kindern. Natürlich Achtung vor der Frau. (Und das muss man betonen, denn heute ist es genau das, was so fehlt, eine Achtung vor der Frau durch die Frau selbst). Achtung vor der Familie, Achtung vor dem Heim. Und vor allem ein eigener Geschmack und Achtung vor der Achtung selbst. Achtung vor dem Werkzeug und vor der Hand, diesem höchsten Werkzeug. – *Ich verliere meine Hände beim Arbeiten*, sagten die Alten. Und das war das Allerhöchste. Die Vorstellung, man könne sein Werkzeug absichtlich beschädigen, wäre ihnen nicht einmal als das letzte Sakrileg erschienen. Sie wäre ihnen nicht einmal als die schlimmste Verrücktheit erschienen. Sie wäre ihnen nicht einmal als Ungeheuerlichkeit erschienen. Sie wäre ihnen als die abwegigste Spekulation erschienen. So als hätte man ihnen davon gesprochen, sich die Hand abzuschneiden. Das Werkzeug war nichts anderes als eine verlängerte Hand, entweder härter (Fingernägel aus Stahl) oder spezieller ausgerichtet. Eine Hand, die nur dafür geschaffen worden war, dieses oder jenes zu tun.

Ein Arbeiter, der ein Werkzeug beschädigt – das wäre für sie in jenem Krieg wie ein Wehrpflichtiger gewesen, der sich den Daumen abschneidet.

Man verdiente nichts, man lebte von nichts, man war glücklich. Es geht nicht darum, sich darüber mit der Rechenkunst der Soziologie herzumachen. Das ist eine Tatsache, eine der wenigen Tatsachen, die wir kennen, die wir fassen können, eine der wenigen Tatsachen, die wir bezeugen können, eine der wenigen unbestreitbaren Tatsachen.

Beachten Sie, dass es diesen Menschen heute im Grunde genommen nicht gefällt, auf den Baustellen nichts zu tun. Sie würden lieber arbeiten. Nicht umsonst entstammen sie dieser arbeitsamen Gattung. Sie vernehmen den Ruf ihrer Herkunft. Die Hand, die juckt, die arbeiten will. Der Arm, der sich darüber ärgert, nichts zu tun. Blut, das in den Adern rinnt. Der Kopf arbeitet, er nimmt in einer Art vorweggenommener Begehrlichkeit, in einer Art Vorkauf, in einer echten Antizipation das fertige Werk schon in Besitz. Wie ihre Väter vernehmen auch sie diesen stummen Ruf der Arbeit, die getan sein will. Und im Grunde genommen verachten sie sich selbst, weil sie das Werkzeug beschädigen. Aber, nun ja: Vornehme Menschen, Gelehrte, Bürgerliche haben ihnen erklärt, das sei der Sozialismus, dies sei die Revolution.

Denn man kann es nicht oft genug sagen: Alles Übel kommt von der Bourgeoisie. Alle Verirrungen, alle Verbrechen. Die kapitalistische Bourgeoisie hat das Volk angesteckt. Und sie hat es angesteckt mit jenem bourgeoisen und kapitalistischen Geist.

Ich spreche bewusst von der kapitalistischen Bourgeoisie und von der Großbourgeoisie. Die arbeitsame Bourgeoisie dagegen, die Kleinbourgeoisie, ist zur unglücklichsten aller gesellschaftlichen Klassen geworden, sie ist die einzige, die heute noch wirklich arbeitet, die einzige, die dadurch die Arbeitertugenden bewahrt und als Belohnung dafür schließlich als einzige wirklich im Elend lebt. Sie ist die einzige, die ausgeharrt hat, man fragt sich, durch welches Wunder, sie ist die einzige, die immer noch aushält, und wenn es eine Wiederherstellung geben sollte, dann deshalb, weil sie die Stellung hält.

Also haben nicht die Arbeiter die Tugenden der Arbeiterschaft bewahrt; das Kleinbürgertum hat sie bewahrt.

Die kapitalistische Bourgeoisie dagegen hat alles infiziert. Sie hat sich selbst angesteckt und sie hat das Volk mit demselben Virus angesteckt. Sie hat das Volk doppelt angesteckt; einerseits in sich selbst; und dabei blieb sie sie selbst; andererseits durch Überläufer, die das Volk infizierten.

Sie hat das Volk als eine Gegenspielerin infiziert; und als eine Lehrerin.

Sie selbst war es, die das Volk infiziert hat, und dabei blieb sie sie selbst. Wenn die Bourgeoisie nicht so sehr das geblieben wäre, was sie womöglich war, sondern das, was sie zu sein hatte und hätte sein können, das heißt der wirtschaftliche Schiedsrichter des sich verkaufenden Werts, dann hätte die arbeitende Klasse nichts anderes gewollt, als das zu bleiben, was sie immer gewesen war, die wirtschaftliche Quelle des sich verkaufenden Werts.

Man kann es nicht oft genug sagen: Die Bourgeoisie hat mit der Sabotage begonnen, und die ganze Sabotage entstand in der Bourgeoisie. Weil die Bourgeoisie damit anfing, die menschliche Arbeitskraft wie einen Börsenwert zu behandeln, hat auch der Arbeiter damit begonnen, seine eigene Arbeit wie einen Börsenwert zu behandeln. Weil die Bourgeoisie damit begonnen hat, mit der menschlichen Arbeit ständig Börsencoups landen zu wollen, hat auch der Arbeiter durch Nachahmung, durch Zusammenprall und Entgegenkommen, ja man könnte fast sagen durch Einverständnis, damit angefangen, mit seiner eigenen Arbeit Börsencoups landen zu wollen. Weil die Bourgeoisie damit begonnen hat, aus der menschlichen Arbeit eine ständige Erpressung zu machen, leben wir unter dem Regime dieser Börsencoups und der ständigen Erpressung, die vor allem in Streiks besteht: So verschwand die Vorstellung des gerechten Preises, über den sich die bürgerlichen Intellektuellen heute lustig machen, die aber dennoch das dauerhafte Fundament einer ganzen Welt gewesen ist.

Denn es gibt noch eine zweite und nicht weniger furchtbare Ansteckung: Indem die Bourgeoisie im großen Stil die Sabotage zum eigenen Nutzen einführte und praktizierte, führte sie in die Welt der Arbeiter ausgemachte Theoretiker der Sabotage ein. Von außen gab sie das Vorbild und das Exempel ab, und zur gleichen Zeit lieferte sie von innen die Unterrichtung. Die *politische* Partei der Sozialisten besteht ausschließlich aus bürgerlichen Intellektuellen. Sie haben die Sabotage und die doppelte Desertion erfunden: die Fahnenflucht vor der Arbeit und die Fahnenflucht vor dem Werkzeug. Ich will hier gar nicht von der militärischen Fahnenflucht sprechen, die ein Sonderfall der großen Fahnenflucht ist, so wie der militärische Ruhm ein Sonderfall des großen Ruhms ist. Die Bürgerlichen waren es, die das Volk glauben machten, dies sei der Sozialismus, dies sei die Revolution. Die *syndikalistischen* sozialistischen Parteien konnten mehr oder weniger aufrichtig glauben, dass sie gegen die politischen Parteien, gegen die vereinigte Partei handelten und eine Reaktion darstellten; es ist ein sehr häufig auftretendes historisches Phänomen, das hier in neuer Anwendung und Verifikation zur Geltung kam, dass diese Reaktion gegen Politik selbst wieder politisch ist, dass diese Partei selbst wieder eine neue politische Partei darstellt, eine andere politische Partei, eine antagonistische politische Partei. Auch die syndikalistischen Parteien sind, und zwar im gleichen Maße, verseucht, sie sind infiziert von politischen Elementen, und zwar den gleichen, von anderen intellektuellen Elementen, und zwar den gleichen, von anderen bürgerlichen Elementen, und zwar den gleichen. Sie glaubten mehr oder wenig aufrichtig, sie hätten sich des alten sozialistischen Personals entledigt. Sie haben sich nicht des alten Geistes der sozialistischen Politik entledigt, der ein zutiefst bürgerlicher Geist war und keineswegs der Geist des Volks. Auf den ersten Blick mag es scheinen, als gäbe es beim Personal des syndikalistischen Sozialismus viel mehr echte Arbeiter als beim Personal der politischen Sozialisten, das seinerseits vollständig aus Bürgerlichen besteht. Und irgendwie stimmt es auch, wenn man mit den oberflächlichen Methoden der soziologischen Erfassung arbeitet, analysiert, rechnet. Es ist nur dem Anschein nach wahr. In Wirklichkeit sind auch sie infiltriert und infiziert von rein intellektuellen, völlig bürgerlichen Elementen. Vor allem die vielen Arbeiter, die man dort sieht, sind nicht wirklich Arbeiter, sie gehen nicht wirklich, nicht direkt aus dem Volk hervor, rein aus dem alten Volk. Es sind in Wirklichkeit Arbeiter zweiten Ranges, Arbeiter des zweiten Bildungsweges, verbürgerlichte Arbeiter (die schlimmsten Bürgerlichen), Sonntags-Bürgerliche sozusagen, Pseudo-Intellektuelle, die schlimmsten der Intellektuellen, Salon-Arbeiter, noch dümmer, wenn das möglich ist, als die Bürgerlichen, die ihr Vorbild, und als die Intellektuellen, die ihre Meister sind, Bedauernswerte, die nicht nur vom Stolz verdorben sind, sondern auch gefangen in einem linkischen Stolz, beschmiert mit Metaphysik, von der sie ganz und gar nichts verstehen, abgeschnitten von ihrem Volk, abgetrennt von ihrer Gattung, mit einem Wort: Unglückliche, die sich aufspielen.

Man kann es nicht oft genug wiederholen: Diese ganze Welt ist jaurèssistisch.[20] Das heißt letztlich: Diese ganze Welt ist »radikal«. Das heißt bürgerlich. Überall die gleiche Demagogie; und überall dieselbe Leere; die eine Leere trägt die andere; sie tragen sich gegenseitig. Diese in der Weltgeschichte vielleicht einzigartige Gedankenarmut, dieser Mangel an

Herz, der in der Politik das eigentümliche Zeichen der radikalen Partei ist, hat in einem gemeinsamen Jaurèssismus die ganze politische sozialistische Partei und nach und nach auch die syndikalistische Partei ergriffen. Diese Welt gehört im Grunde ganz den Radikalen. Dieselbe Dürftigkeit, dieselbe bedauernswerte Gedankenarmut. Dieselbe Herzensarmut. Derselbe Mangel an Substanz. Derselbe Mangel an Volk. Derselbe Mangel an Arbeit. Derselbe Mangel an Werkzeug. Überall dieselben linkischen Befangenheiten. Überall dieselben Beredsamkeiten. Überall derselbe Parlamentarismus, derselbe Aberglaube, dieselben parlamentarischen Absprachen, dieselben Kehrtwendungen. Überall derselbe hohle Stolz, dieselben steifen Arme, dieselben Rednerfinger, diese Hände, die nicht wissen, wie man ein Werkzeug handhabt. Überall dieselben metaphysischen Verengungen. Und überall diese Nussköpfe. Sie hätten sich für ihren Radikalismus einen anderen Stoff vornehmen oder eine andere Anwendung finden können oder so tun können als ob. Aber der Modus und das Wesen ihres Radikalismus sind identisch. Dieselbe tiefe Unfruchtbarkeit und derselbe Drang nach Unfruchtbarkeit. Und immer derselbe tiefe Drang, nicht eher mit den anderen, mit sich selbst zufrieden zu sein, bis man nicht dieses gute Gefühl der Unfruchtbarkeit empfindet. Diese ständige Verwirrung, diese Sorge, diese tödliche Unruhe, dieser ständige Alarm, dieser ständige Schrecken bei der Vorstellung, dass es Fruchtbarkeit geben könnte, dass sie irgendwo auftauchen könnte, dass Leben, Geschlecht, Werk irgendwo aufkommen, gemacht oder gegründet werden, entstehen könnten.

Ich will hier nicht auf den Namen »Jaurès« zurückkommen. Der Mann, der in Frankreich die imperialistische deutsche Politik vertritt, ist zutiefst zu verachten.[21] Dieser französische Repräsentant der imperialistischen, kapitalistischen und vor allem kolonialistischen deutschen Politik ist einer universellen Verachtung anheimgefallen. Dieser Verräter *par excellence* verriet zuerst den Sozialismus an die bürgerlichen Parteien. Er verriet als Zweites den Dreyfusismus an die Staatsraison. Und an wer weiß welche anderen Interessen. Er verriet diese beiden Mystiken an diese beiden Politiken. Er versuchte dann, ein drittes Mal zum Verräter zu werden. Er versuchte sogar, Frankreich an die deutsche Politik zu verraten. Und an die denkbar bürgerlichste deutsche Politik. Dabei ist er auf einen solchen Widerstand gestoßen, der ihm sowohl zeigen soll, was ihn bei dieser schrecklichen Krönung seiner Karriere erwartet, als auch, dass solche Schandtaten vielleicht nicht immer den gleichen Erfolg haben. Was er aus dem Sozialismus gemacht hat, was er aus dem Dreyfusismus gemacht hat, wollte er auch mit Frankreich machen. Ein schrecklicher Lump. Aber es stellte sich heraus, dass Frankreich besser beschützt war.[22]

Ich bitte meine Leser um Entschuldigung, dass ich hier den Namen »Jaurès« ausspreche. Dieser Name ist so niederträchtig, dass einem bei der Fertigstellung des Manuskripts für den Drucker ein Gefühl der Angst beschleicht, dabei irgendein Strafgesetz zu verletzen. Dieser Mann, der den Sozialismus und den Dreyfusismus mit Radikalismus infiziert hat; dieser Mac-Mahon parlamentarischer Redegewandtheit;[23] dieser Mann, der vor jeder Demagogie stets kapitulierte, ja der nicht nur kapitulierte, sondern der jede Kapitulation mit den Girlanden seiner Tapferkeitsallüren schmückte; und der nicht nur selbst und für sich kapitulierte, sondern der stets die krankhafte Gewohnheit, die Monomanie hatte, nicht nur in allen Angelegenheiten, die er tatsächlich vertrat, mehr oder weniger nutzbringend zu kapitulieren, sondern auch in zahlreichen Angelegenheiten, von denen niemand je die Idee hatte, sie ihm anzuvertrauen, und die er sich immer selbst auflud. So sehr strömt er die Sünde und den gemeinen Geschmack der Kapitulation aus, dass er nicht nur für sich und in seinen eigenen Angelegenheiten kapitulierte, sondern dass er überall irgendwelche Angelegenheiten an sich riss, nur um in ihnen kapitulieren zu können. Dieser Mann, der stets nichts anderes als ein Radikaler war, ja sogar ein opportunistischer Radikaler, ein Radikaler des linken Zentrums, infizierte mit Radikalismus genau das, was dem Radikalismus entgegenstand, was darauf hoffen konnte, dem Radikalismus zu entgehen.

Was ich heute über Monsieur Jaurès sagen will, ist nur dies: Was kann es an Gemeinsamkeiten geben zwischen diesem Mann und dem Volk, zwischen diesem dickbäuchigen, bourgeoisen Emporkömmling mit Armen wie ein Buddha und einem Mann, der arbeitet. Inwiefern stammt er aus dem Volk. Woher soll er auch nur annähernd wissen, was das Volk ist. Was hat er mit einem Arbeiter gemein. Und ist nicht dies das größte Elend unserer Zeit, dass ein solcher Mann für das Volk spricht, im Volk spricht, vom Volk spricht.

Was ich heute sagen will, ist nur, dass die große Verachtung, die man heute im Allgemeinen für Monsieur Jaurès hat, uns daran hindert zu erkennen, dass alle (ich meine alle in den politischen Parteien) jaurèssistisch und also radikal handeln. Die Regierung handelt viel weniger danach, selbst wenn sie radikal ist, selbst wenn es sich um dasselbe Personal handelt, denn der Radikalismus eignet sich gut dazu, ein Land auszubeuten, wohingegen alle, und selbst die Radikalen, es für nahezu unmöglich halten, ein Land unter diesen Umständen zu regieren.

Unter diesem Vorbehalt frönen heute alle dem Jaurèssismus, und so frönen alle auch dem Radikalismus. Ich meine damit: alle in den politischen Parteien. Und selbst und vor allem jene, die sich rühmen, genau dies nicht zu tun, sondern das Gegenteil davon. Die *Unifiés* frönen ihm, aber auch die Syndikalisten, ebenso sehr und identisch. In Frankreich sind alle radikal (nicht in der Regierung, sondern in der Politik). Die wenigen, die nicht radikal sind, sind klerikal, was aufs Gleiche hinausläuft.

Es ist ein großes Elend zu sehen, wie die Arbeiter Jaurès zuhören. Zu sehen, wie derjenige, der arbeitet, demjenigen zuhört, der nichts tut. Wie derjenige, der ein Werkzeug in der Hand hält, demjenigen zuhört, der nichts anderes ist als faul. Und schließlich auch noch sehen zu müssen, wie der Wissende demjenigen zuhört, der nichts weiß, und wie er glaubt, dass es der andere sei, der wüsste.

Dass man mir jetzt nicht unterstellt, was ich nicht sage: Ich sage: Wir haben ein Volk gekannt, das wir nie wiedersehen werden. Ich sage nicht: Wir werden nie wieder ein Volk sehen. Ich sage nicht: Das Geschlecht ist verloren. Ich sage nicht: Das Volk ist verloren. Ich sage: Wir haben ein Volk gekannt, das wir nie wiedersehen werden.

Man wird andere sehen. Seit einigen Jahren mehren sich die Anzeichen, die eine bessere Zukunft erahnen lassen. Heute ist es besser als gestern, morgen wird es besser sein als heute. Der gesunde Menschenverstand dieses Volkes ist vielleicht nicht für immer versiegt. Die einzigartigen Tugenden seiner Herkunft werden sich vielleicht wiederfinden. Sie werden sich sicherlich wiederfinden. Man muss nur wissen, dass wir die schlimmste Krise durchlaufen, besser: gerade durchlaufen haben, durch die dieses Volk jemals gehen musste. Und durch eine völlig neue Art von Krise. Und außerdem durch eine Krise, von der man sich keine Vorstellung machte. Man darf nicht sagen: Dieses Volk hat schon viele Krisen gesehen, es wird wohl auch noch diese sehen, wie in dem Lied:

J'en ai oublié bien d'autres,
J'oublierai bien celui-là.[24]

Man muss sagen: Dieses Volk hat schon viele andere gesehen. So viele hat es noch nie gesehen. So eine hat es noch nie gesehen. Es wird sie überstehen. Auch diese Krise wird es überstehen. Auch diese noch. In seinen Adern fließt das schönste, sinnlichste Blut. Und es hat Handwerksmeister, wie es sonst keine auf der Welt gibt.

Es gibt andere Weisheiten. Es gibt andere Formen. Es gibt andere Statuten. Es gibt eine erfahrene Weisheit, eine geimpfte Weisheit, eine ernsthafte Weisheit, eine strenge Weisheit, eine Weisheit des *Danach*. Aber wie sollte man nicht die Wahrheit des *Davor* vermissen, wie sollte man dieser Unschuld, die wir nie wieder sehen werden, keine letzte Erinnerung schenken. Man kann sich nicht vorstellen, wie kräftig die Substanz dieses Volkes einmal war. Und vor allem diese allgemeine, beständige Hochstimmung, dieses hochgestimmte Klima. Und dieses Glück, dieses Glücksklima. Natürlich lebte man noch nicht im Zeitalter der Gleichheit. Man dachte nicht einmal an diese Gleichheit, das heißt an die soziale Gleichheit. Eine gemeinsame, eine gemeinsam akzeptierte Ungleichheit, eine allgemeine Ungleichheit, eine Ordnung, eine natürlich erscheinende Hierarchie machte nichts anderes, als die verschiedenen Ebenen des gemeinsamen Glücks zu gliedern. Heute spricht man nur von der Gleichheit. Und wir leben in der ungeheuerlichsten ökonomischen Ungleichheit, die man in der Weltgeschichte jemals gesehen hat. Damals lebte man. Man hatte Kinder. Die Menschen hatten keineswegs diesen Eindruck, den wir heute haben: in einem Arbeitslager zu sein. Sie hatten nicht wie wir den Eindruck, von der Wirtschaft stranguliert zu werden, von einem Halsband aus Eisen, das die Kehle zuschnürt und das jeden Tag eine Kerbe weitergedreht wird. Sie hatten noch nicht diesen bewundernswerten Mechanismus des modernen kontinuierlichen Streiks erfunden, der die Gehälter immer um ein Drittel steigen lässt, während sich der Preis des Lebens um die Hälfte erhöht und das Elend als Differenz herauskommt.

Die Besten aus diesem Volk waren vielleicht jene guten Bürger, die unsere Grundschullehrer waren. Es stimmt auch, dass wir sie nicht oder kaum als Grundschullehrer sahen. Eher als Schulmeister. Es handelte sich um eine Zeit, in der Beiträge noch Steuern waren. Eines Tages werde ich, wenn ich kann, zeigen, was das Lehrpersonal der Grundschule wirklich war. Es war das staatsbürgerliche Pflichtgefühl selbst, die grenzenlose Hingabe an das Gemeinschaftsinteresse. Unsere junge *école normale* war der Herd des laizistischen Lebens, der laizistischen Neuerungen im ganzen *département*, und darin und in allem anderen war sie auch –

so meine Vermutung– vorbildlich für die anderen *départements*, zumindest für die angrenzenden. Unter der Leitung unseres eigenen Schulleiters, des Direktors der angeschlossenen Schule, kamen jede Woche junge Schulmeister aus der *école normale*, um uns zu unterrichten. Ich will es genauer sagen: Sie gaben uns eine Grundausbildung. Sie waren wie die jungen Baras[25] der Republik. Immer bereit, »*Es lebe die Republik*!« zu rufen – Es lebe die Nation! Man spürte, dass sie das bis unter die preußischen Säbel gerufen hatten. Denn für uns war der Feind, irgendwie alles Feindliche, der Geist des Bösen: Preußen. Das war gar nicht einmal so dumm. Und auch nicht so weit weg von der Realität. Es war 1880. Heute schreiben wir 1913. 33 Jahre. Und wir sind wieder da, wo wir schon einmal waren.

Unsere jungen Lehrmeister waren schön wie schwarze Husaren.[26] Drahtig; ernst; zugeknöpft. Ernsthaft, und ein bisschen ängstlich angesichts ihrer frühen, ihrer plötzlichen Allmacht. Eine lange schwarze Hose, aber mit einer, wenn ich mich recht erinnere, violetten Borte. Violett ist nicht nur die Farbe der Bischöfe, es ist auch die Farbe der Grundschule. Eine schwarze Weste. Ein langer schwarzer Gehrock, sehr gerade, gut fallend, aber mit zwei gekreuzten violetten Palmen am Revers. Eine flache schwarze

Mütze mit zwei gekreuzten Palmblättern über der Stirn. Diese zivile Uniform war eine Art strengere, militärischere Uniform als die des Militärs, denn es war eine staatsbürgerliche Uniform. Ich denke, es war so etwas wie der berühmte *Cadre Noir*[27] von Saumur. Nichts unter den militärischen Uniformen ist so schön wie eine schöne schwarze Uniform. Sie ist die Geradlinigkeit selbst. Und der Ernst. Getragen von diesen Jünglingen, die wirklich die Kinder der Republik waren, von diesen jungen Husaren der Republik, von diesen Säuglingen der Republik. Von diesen schwarzen Husaren der Strenge. Ich glaube, bereits gesagt zu haben, dass sie sehr alt waren. Sie waren mindestens 15 Jahre. Jede Woche kam einer von ihnen, und immer wieder ein anderer, von der *école normale* zum Nebengebäude hinüber; und so schien es, als sei diese *école normale* ein unerschöpfliches Regiment. Sie glich einem riesigen, von der Regierung angelegten Lager für Jugend und Bürgersinn. Die Regierung der Republik war damit beauftragt, uns mit so viel Jugend und Unterricht zu beliefern. Der Staat war damit beauftragt, uns mit so viel Ernsthaftigkeit zu beliefern. Diese *école normale* war ein unerschöpfliches Lager. Die Frauen des Faubourg fragten sich, ob es gut für die Kinder sei, jeden Montagmorgen einen neuen Grundschullehrer zu bekommen. Aber die Befürworter erwiderten, es sei immer der gleiche Grundschullehrer – der Direktor der *école annexe* –, der nicht wechselte, und dass diese Institution, weil sie die *école normale* war, mit Sicherheit das Gelehrteste im *département du Loiret* und infolgedessen auch ohne Zweifel in ganz Frankreich sei. Und aller anderen *départements*. Und es gab dieses eine Mal, als der Präfekt *die Schule besuchte*. Aber das würde mich zu Geständnissen hinreißen. Ich lernte bei dieser Gelegenheit (so, als hätte ich ein anderes Stück der Geschichte Frankreichs erfahren), dass man ihn nicht ganz einfach *Monsieur* nennen durfte, sondern *Monsieur Le Préfet*. Außerdem, ich muss es sagen, war er mit uns sehr zufrieden. Er hieß Joli oder Joly. Wir fanden es ganz natürlich (und, unter uns, sogar fast ein bisschen geziemend), dass ein Präfekt einen solch anmutigen Namen trug. Ich wäre nicht überrascht, wenn es derselbe wäre, der immer noch (oder bis vor kurzem), unterstützt durch diesen anmutigen, nur leicht verstärkten Namen, als M. de Joly oder de Joli in Nizza den Geschicken der Alpes Maritimes vorsteht und viele Regierende empfängt oder empfing. Und die ersten Verse, die ich in meinem Leben hörte und von denen man mir sagte, dass man das »Verse« nenne, waren die »Soldats de l'an II«:

ô soldats de l'an deux, ô guerres, épopées. Man sieht, es hat mir genutzt. Bis dahin dachte ich, man nenne das »Fabeln«. Und das erste Buch, das ich vor den Osterferien als Preis erhielt, waren ausgerechnet die Fabeln von La Fontaine. Aber das würde mich zu Sentimentalitäten hinreißen.

Ich würde gern eines Tages erzählen, und ich würde gern fähig sein, es angemessen zu erzählen, in welcher Freundschaft, in welchem schönen Klima der Ehre und der Treue sich dieser edle Elementarunterricht vollzog. Ich würde gern ein Porträt all meiner Grundschullehrer zeichnen. Alle sind mir gefolgt, alle sind bei mir geblieben, in penibler Treue durch alle Armutsphasen meines schwierigen Lebenswegs hindurch. Sie waren nicht wie unsere schönen Lehrer an der Sorbonne. Sie glaubten nicht, einen Menschen, nur weil er ihr Schüler war, hassen zu müssen. Bekämpfen zu müssen; zu versuchen, ihn zu erdrosseln. Und ihn auf niedrige Art zu beneiden. Sie glaubten nicht, dass der schöne Name »Schüler« eine ausreichende Berechtigung sei für so viel Lumperei. Und um Gegenstand eines niederträchtigen Hasses zu werden. Im Gegenteil, sie glaubten, und, wenn ich so sagen darf, sie praktizierten das Lehrer- und Schüler-Sein als eine heilige Verbindung, stark verwandt mit jener Vater-Sohn-Verbindung. Sie folgten dem schönen Ausspruch Lapicques,[28] der besagt, dass man nicht nur seinen Meistern, sondern auch und vor allem seinen Schülern gegenüber Verpflichtungen hat. Denn schließlich hat man diese Schüler ja auch gemacht. Und das ist bedeutsam. Diese jungen Leute, die jede Woche kamen und die wir offiziell die »Schüler-Meister« nannten, weil sie erst lernten, Meister zu werden, waren unsere älteren Geschwister, unsere Brüder. Dort lernte ich Charles Gravier als einen Schüler-Meister kennen, einen Mann mit einem so großen Herzen und so viel Güte, der seitdem eine sehr schöne und ernsthafte wissenschaftliche Karriere gemacht hat und der heute, so glaube ich, Assistent für Malakologie im Museum ist.[29] Und der es verdient hätte, mehr zu sein. Dort lernte ich auch den Ökonomen Monsieur Lecompte kennen, die Inkarnation dessen, was diese Welt an Ernsthaftem, Strengem, Pünktlichem, Gerechtem, Rechtschaffenem an sich hatte, und an Zuverlässigem und Feinsinnigem zugleich; und an Wohlwollendem, an freundschaftlich Wohlwollendem, an streng Liebevollem zugleich; und an Schweigsamem und Gemäßigtem und Wohlgefügtem zugleich. In ihm verkörperte sich die ganze Ordnung dieser schönen Gesellschaft.

Diese Beamten, diese Grundschullehrer,

diese Ökonomen hatten sich weder vom Volk in irgendeiner Weise zurückgezogen, noch *entstammten* sie dem Volk. Der Welt der Arbeiter und Bauern. Auch mieden sie das Volk nicht. Sie versuchten auf keine Weise, es zu beherrschen. Kaum, es anzuleiten. Man muss sagen, sie versuchten, es zu bilden. Dazu waren sie berechtigt, weil sie dazu würdig waren. Sie hatten damit keinen Erfolg, und das war für alle ein großes Unglück. Aber auch wenn sie nicht erfolgreich waren, sehe ich nicht, wer sich darüber freuen sollte. Und wer an ihrer Stelle jemals darin erfolgreich gewesen ist. Wenn sie nicht erfolgreich waren, dann wohl, weil es gewiss nicht möglich gewesen war.

Sie waren aus dem Volk herausgetreten, aber auf eine andere Art, es waren Arbeitersöhne, aber vor allem Söhne von Bauern und kleinen Landbesitzern, oftmals selbst kleine Landbesitzer, die irgendwo im *département* einen kleinen Flecken Land hatten, – sie blieben das gleiche Volk, sie waren keineswegs herausgeputzt, das möchte ich betonen, vielleicht waren sie nur etwas mehr auf Linie gebracht, etwas aufgeräumter, etwas geordneter in den schönen Gärten der Schulhäuser.

Vor allem spielten sie sich nicht auf. In einer gut geordneten Gesellschaft standen sie genau an der richtigen Stelle. Sie wussten, bis wohin sie gehen konnten, und sie gelangten unweigerlich ans Ziel.

Das war im Jahr 1880. Also mitten in der Wut und Glorie der Erfindung der Laizisierung. Wir merkten davon nichts. Obwohl wir gut postiert gewesen wären, um es zu bemerken. Nicht nur waren die neugeschaffenen *écoles normales*, die jungen *écoles normales*, das Herz und die Heimat der Laizisierung, unsere *école normale* in Orléans war die Reinste unter den Reinen. Sie war der Kopf und das Herz der Laizisierung. Monsieur Naudy selbst war ein großer Laizist. Glückliche Kindheit. Glückliche Unschuld. Segen für eine gute Herkunft. Alles war gut für uns. Alles gelang uns. Wir nahmen mit vollen Händen, und es war immer eine kräftige Nahrung. Donnerstags, glaube ich, gingen wir in den Katechismus-Unterricht, um den Stundenplan nicht durcheinanderzubringen. Der Katechismus-Unterricht fand weit entfernt von der Schule statt, in der Stadt, in unserer alten Pfarrei Saint-Aignan. Nicht alle haben eine solche Pfarrei. Man musste die halbe Vorstadt hinaufsteigen bis zur Porte Bourgogne, dann die halbe Rue Bourgogne hinab, in jene Straße, die nach links abzweigte und die, glaube ich, Rue de l'Oriflamme hieß, dort einbiegen und das Kloster durchqueren, das unter seinen schweren Kastanienbäumen kalt wie ein Kellergewölbe war. Unsere jungen Vikare sagten uns genau das Gegenteil von dem, was uns unsere jungen Schüler-Lehrer sagten (oder unsere jungen *sous-maîtres*, wie man sie auch nannte, aber das war vielleicht eine nicht ganz so präzise und vor allem nicht so elegante Benennung). (Etwas weniger edel.) Wir bemerkten es nicht. Die Republik und die Kirche unterrichteten uns in genau entgegengesetzter Weise. Das spielte keine Rolle, solange es Unterricht war. Sowohl in der Unterrichtung wie in der Kindheit gibt es etwas so Heiliges, es liegt in dieser ersten Öffnung der Kinderaugen auf die Welt, in diesem ersten Blick ist etwas so Religiöses, dass sich die beiden Unterrichtungen in unseren Herzen vereinten und wir wohl wissen, dass sie dort auf immer vereint bleiben. Wir liebten beide, die Republik und die Kirche, und wir liebten sie mit einem Herzen, und das war ein kindliches Herz, und für uns war es die weite Welt, und es waren unsere beiden Lieben, der Ruhm und der Glaube, und für uns war dies die neue Welt. Und heute … Heute lieben wir sie natürlich nicht mehr auf derselben Ebene, weil man uns beibrachte, dass es Ebenen gibt. Die Kirche hat unseren Glauben und all das, was ihm gebührt. Aber Gott allein weiß, wie sehr wir uns mit Herz und Kopf weiter einsetzen für diese

Republik und wie entschieden wir darin sind, uns weiterhin für sie einzusetzen, weil sie eine der beiden Reinheiten unserer Kindheit war.

Wir waren kleine ernsthafte Jungen in dieser ernsthaften Stadt, unschuldig und im Grunde damals schon sorgenvoll. Wir nahmen alles ernst, was man uns sagte, alles, was uns unsere laizistischen Meister sagten, und alles, was uns unsere katholischen Meister sagten. Wir nahmen alles wörtlich. Wir glaubten vollständig und gleichermaßen und mit dem gleichen Glauben alles, was in der Grammatik und im Katechismus stand. Wir *lernten* die Grammatik und ebenso und gleichermaßen *lernten* wir den Katechismus. Wir *konnten* die Grammatik und ebenso und gleichermaßen *konnten* wir den Katechismus. Wir haben weder das eine noch das andere vergessen. Aber man muss hier auf ein Phänomen zu sprechen kommen, das weniger einfach ist. Ich möchte von dem sprechen, was sich in uns angesichts dieser beiden Metaphysiken ereignet hat, denn es ist klar, dass jeder Sache eine Metaphysik unterlegt ist. In meiner Zeit als Schriftsteller habe ich oft genug davon gesprochen.

Ich komme hier zu einer großen Schwierigkeit, zu einem Problempunkt. Das ist der Moment, an dem die Schwierigkeiten nicht umgangen werden dürfen, vor allem nicht diese eine, die bedeutsam ist. Es ist auch der Moment, Verantwortung zu übernehmen.

Jeder hat eine Metaphysik. Offenkundig, versteckt. Ich habe es oft gesagt. Oder man lebt nicht. Und selbst die, die nicht leben, haben trotzdem, gleichermaßen eine Metaphysik. Aber unsere Lehrmeister waren nicht so. Unsere Grundschullehrer lebten. Und wie. Unsere Grundschullehrer hatten eine Metaphysik. Und warum es verschweigen. Sie verschwiegen es nicht. Sie haben es niemals verschwiegen. Die Metaphysik unserer Grundschullehrer, das war zunächst die Metaphysik der Schule. Aber es war dann und vor allem die Metaphysik der *Wissenschaften*, es war die oder mindestens eine Metaphysik des Materialismus (diese seelenvollen Wesen hatten eine materialistische Metaphysik, aber so ist es immer – und zugleich eine idealistische, zutiefst moralische und, wenn man so will, kantianische), es war eine positivistische Metaphysik, es war die berühmte Metaphysik des Fortschritts. Die Metaphysik der Pfarrer, mein Gott, das waren eben die Theologie und auch die Metaphysik, wie sie sich im Katechismus fanden.

Unsere Grundschullehrer und unsere Pfarrer, das wäre ein ziemlich guter Romantitel. Unsere laizistischen Grundschullehrer hatten eine bestimmte Art der Unterrichtung, eine bestimmte

Metaphysik. Unsere Grundschullehrer, die Pfarrer, hatten und gaben eine bestimmte Unterrichtung, die dem diametral entgegenstand, eine entgegengesetzte Metaphysik. Wir bemerkten das nicht, und ich muss das nicht wiederholen und es ist auch nicht das, was ich sagen will. Was ich sagen will, ist viel ernster.

Ich sagte es schon: Wir glaubten vollständig, was man uns sagte. Wir waren ernste und sicherlich tiefsinnige Buben. Ich litt wie alle anderen und am meisten an dieser Krankheit. Ich bin von ihr nie genesen. Selbst heute glaube ich alles, was man mir sagt. Und ich fühle deutlich, dass ich mich nie ändern werde. Man ändert sich nie. Ich habe immer alles ernst genommen. Das hat mich weit gebracht. Wir glaubten also uneingeschränkt an den Unterricht unserer Grundschullehrer und genauso uneingeschränkt an den Unterricht unserer Pfarrer. Wir saugten die Metaphysiken unserer Grundschullehrer vollständig auf und ebenso vollständig die Metaphysik unserer Pfarrer. Ohne irgendjemanden zu verletzen, kann ich heute sagen, dass die Metaphysik unserer Grundschullehrer weder für uns noch für sonst jemanden irgendeinen Existenzraum besitzt und dass die Metaphysik unserer Pfarrer von unserem Wesen in einer Tiefe Besitz ergriffen hat, von der diese Pfarrer selbst keine Ahnung hatten. Wir glauben heute kein Wort mehr von dem, was die Grundschullehrer unterrichteten, von ihrer Metaphysik. Und wir glauben vollständig das, was im Katechismus steht, dies wurde und blieb unser Fleisch. Aber auch das will ich hier nicht sagen.

Wir glauben kein Wort von dem, was uns unsere laizistischen Grundschullehrer unterrichteten, und ihre ganze Metaphysik ist für uns weniger als kalte Asche. Wir glauben nicht nur, wir sind vollständig durchtränkt von dem, was uns die Pfarrer unterrichteten, was im Katechismus steht. Doch unsere laizistischen Grundschullehrer haben unser ganzes Herz und unser volles Vertrauen behalten. Und leider können wir von den alten Pfarrern weder behaupten, dass sie unser ganzes Herz, noch, dass sie jemals unser Vertrauen hatten.

Es gibt hier ein Problem, ich würde sogar sagen ein Mysterium, ein sehr ernsthaftes. Machen wir uns nichts vor: Es ist genau das Problem der Entchristlichung Frankreichs. Man verzeihe mir diesen etwas feierlichen Ausdruck. Und das so schwerfällige Wort. Das kommt davon, dass das Ereignis, das ich beschreiben will, vielleicht selbst hinlänglich feierlich ist. Und etwas schwerfällig. Man darf hier die Schwierigkeiten weder verneinen noch maskieren. Man darf die Augen nicht verschließen. Dass wir denjenigen, die den Glauben haben, ganz sicher nicht das Vertrauen schenken, das ist keine Erklärung, das ist eine Tatsache, ja das ist der Kern der Schwierigkeiten selbst.

Ich glaube nicht, dass dies etwas zu tun hat mit dem Charakter des Priesters. Ich bemerke sehr wohl, dass ich mich seit einigen Jahren mehr und mehr mit jungen Priestern anfreunde, die zwei- oder dreimal jährlich zu mir in die Redaktion der *Cahiers* kommen. Ich spüre keinerlei Befangenheit, keinerlei Hemmnis. Diese beginnenden Verbindungen geschehen in größter Offenheit des Herzens, in größter Einfachheit, in größter Unbefangenheit der Sprache. Wirklich ohne jedes Gefühl der Abwehr. Wie kann es sein, dass wir niemals, nicht einmal mit unseren alten Pfarrern, selbst mit denen, die wir am meisten liebten, selbst mit denen, die wir wie Väter liebten, eine vorbehaltlose, offenherzige Verbindung unterhielten. Dies ist eines jener Herzensgeheimnisse, in denen man die tiefsten Erklärungen fände. Von dem, was uns die alten Grundschullehrer sagten, glauben wir kein einziges Wort mehr; und unsere Grundschullehrer können sich unserer ganzen Zuneigung sicher sein, unserer Haltung, unserer vollständigen Offenheit des Zutrauens. Ganz und gar glauben wir das, was uns unsere alten Pfarrer sagten (ich wage nicht zu sagen »mehr als sie es selbst glaubten«, denn man soll nie sagen, was man denkt), und unsere alten Pfarrer hatten sicherlich unsere Zuneigung; das waren so anständige Leute, so gut, so voller Hingabe, aber wir haben ihnen niemals jene Art vollständigen Vertrauens entgegengebracht, die wir problemlos und so großzügig unseren laizistischen Grundschullehrern gaben. Und die wir ihnen vollständig bewahrt haben.

Es ist hier nicht der Ort, dieses Geheimnis zu vertiefen. Hierzu bräuchte man einen Dialog, sogar mehrere, und ich sage nicht, dass ich sie nicht schreiben werde. Das ist genau das Problem der zeitweiligen Entchristlichung Frankreichs. Es muss eine Ursache dafür geben, dass, wenn man im Land von Saint Louis und von Jeanne d'Arc, in der Stadt der Heiligen Geneviève, vom Christentum zu sprechen beginnt, jeder meint, es würde um Mac-Mahon gehen, und wenn man ansetzt, von der christlichen Ordnung zu sprechen, jeder meint, es handele sich um den 16. Mai.[30]

Unsere Grundschullehrer waren ganz und gar Männer des alten Frankreichs. Ein Mensch bestimmt sich nicht durch sein Tun und noch weniger durch das, was er spricht. Ein Wesen wird im Innersten ausschließlich davon bestimmt, was es ist. Für das, was ich sagen will, ist es irrelevant, dass unsere Grundschullehrer tatsächlich eine Metaphysik hatten, die darauf abzielte, das alte Frankreich zu zerstören. Unsere Grundschullehrer wurden in dem Haus geboren, das sie zerstören wollten. Sie waren echte Söhne dieses Hauses. Sie gehörten seiner Substanz an, und das ist es. Wir wissen genau, dass es nicht ihre Metaphysik war, die das alte Haus zum Einsturz brachte. Ein Haus zerfällt immer nur von innen.[31] Es waren die Verteidiger des Thrones und des Altars, die den Thron und, soweit sie konnten, den Altar umstürzten.[32]

Es ist einer der häufigsten (und ich will nicht sagen: einer der elementarsten) Irrtürmer, gerade den Menschen, das Wesen des Menschen, mit den unglücklichen Personen zu verwechseln, die wir spielen. Im Durcheinander und in der Hast des modernen Lebens prüfen wir nichts genau; es reicht, dass irgendwer irgendetwas tut (oder auch nur so tut, als tue er es), damit man sagt (und sogar damit man glaubt), dass dies sein Wesen sei. Keine Fehleinschätzung ist vielleicht so falsch und vielleicht so schwerwiegend. Und logischerweise ist kein Irrtum so weit verbreitet. Ein Mensch bestimmt sich durch seine Wurzeln, durch seine Herkunft. Er wird nicht durch das bestimmt, was er für andere, für seine Nachfolger tut. Vielleicht werden die anderen, die Nachfolger, daraus gemacht sein. Aber er ist nicht daraus gemacht.

Der Vater bestimmt sich nicht durch sich selbst, sondern durch seine Wurzeln; und vielleicht sind es seine Kinder, die von ihm sein werden.

Die Männer der französischen Revolution waren Männer des *Ancien Régime*. Sie *spielten* die Französische Revolution. Aber sie *waren* vom Ancien Régime. Und kaum stammen die Männer von 48 oder wir selbst noch von der französischen Revolution ab, das heißt von dem, was sie aus der französischen Revolution machen wollten. Vielleicht sogar hat es so etwas nie gegeben. So führten unsere guten laizistischen Grundschullehrer neue Metaphysiken ein, sie *spielten* sie. Doch sie *waren* Männer des alten Frankreichs.

Im Gegensatz dazu und vergleichbar, in einer Situation, die zugleich entgegengesetzt und vollständig analog ist, sind alle großen Verteidiger des *Ancien Régime* unter uns wie alle anderen auch. Es sind im Wesentlichen moderne und meist modernistische Menschen. Es sind keineswegs, und noch viel weniger als andere, Menschen des alten Frankreichs. Sie sind reaktionär, aber sie sind unendlich viel weniger konservativ als wir. Sie reißen die Republik nicht ein, aber sie setzen sich so gut sie können dafür ein, jenen Respekt einzureißen, der das eigentliche Fundament des *Ancien Régime* war. Oder, um es buchstäblich zu sagen, diese Anhänger des Ancien Régime haben nur die eine Idee, alles das zu vernichten, was wir an Schönem und Kräftigem vom *Ancien Régime* bewahrt haben und das immer noch so beachtlich ist. Sie geben sich den Anschein von Verschwörern, sie haben sich eine Verschwörermentalität zurechtgelegt und dabei vergessen, dass die *Verschwörung* sicherlich keine Einrichtung der Monarchie, sondern dass sie im Gegenteil ihre Erkrankung war und die Ankündigung und der Ursprung zukünftiger Zeiten, der Beginn der Intrige und der Masse und der Abordnung und der Zahl und des Wahlrechts und sogar schon irgendeiner parlamentarischen Demokratie.

Es ist immer die gleiche Geschichte, das gleiche Abrutschen und die gleiche Übertragung und die gleiche Verschiebung. Denn es ist immer dieselbe Hetze, dieselbe Oberflächlichkeit, derselbe Mangel an Arbeit und derselbe Mangel an Aufmerksamkeit. Man schaut nicht auf das, man achtet nicht auf das, was die Menschen tun, auf das, was sie sind, nicht einmal auf das, was sie behaupten. Man achtet auf das, was sie behaupten zu tun, was sie behaupten zu sein, was sie behaupten zu behaupten. Das ist ein Missverständnis, ganz und gar mit dem vergleichbar, das sich stets in dem berühmten, immer wieder auflebenden Streit zwischen Romantikern und Klassikern ereignet. Und den Alten und den Modernen. Wenn einer vom klassischen *Stoff* spricht und sobald er sich als ein Befürworter der Klassik erklärt, so wird aus ihm sofort ein Klassiker gemacht. Man achtet nicht darauf, dass er wie ein Fanatiker denkt, ohne Ordnung, und dass er wie ein Verrückter schreibt oder wie ein Frenetiker, ohne Ordnung und Verstand, und dass er als Romantiker über die Klassik spricht und dass er als Romantiker die Klassik verteidigt und predigt und dass er also ein Romantiker ist, ein romantisches Wesen. Und wir, die wir nicht so viel Trara machen, wir sind die Klassiker.

Und die Theoretiker der Klarheit schreiben trübe Bücher.

Vergleichbar, und nochmal: Sobald ein Autor über den christliche *Stoff* arbeitet, machen wir aus ihm einen Christen; schreibt er aus einer tiefen Unordnung heraus, machen wir aus ihm einen Wiederhersteller der Ordnung; und auch, wenn seine Bühnenmechanik exakt die der *Maria Tudor* und des *Angelo* wäre oder die der *Lucrecia Borgia*, wollen wir nicht sehen, dass er im Theater ein Romantiker ist.[33] Und ein Wahnsinniger.

Unsere alten Grundschullehrer waren nicht nur Männer des alten Frankreichs. Sie lehrten uns im Grunde die Moral und das Wesen des alten Frankreichs. Ich werde Sie jetzt überraschen: Sie lehrten uns das Gleiche wie die Pfarrer. Und die Pfarrer lehrten uns das Gleiche wie sie. Alle ihre metaphysischen Gegensätze hatten kein Gewicht angesichts jener tiefen Gemeinschaft derselben Substanz, derselben Zeit, desselben Frankreichs, desselben Regimes. Derselben Disziplin. Derselben Welt. Das, was die Grundschullehrer sagten, sagten die Pfarrer im Grunde genommen auch. Weil beide gemeinsam sprachen.

Die einen wie die anderen, und zusammen mit ihnen unsere Eltern und vor ihnen unsere Eltern, sagten uns, lehrten uns diese dumme Moral, die Frankreich gebildet hat und die heute immer noch dazu beiträgt, dass es sich nicht auflöst. Diese dumme Moral, an die wir so fest glaubten. An die wir uns – dumm, wie wir sind, und wenig wissenschaftlich und trotz aller Dementis der Fakten – verzweifelt klammern im Geheimnis unserer Herzen. Diese fixe Idee unserer Einsamkeit haben wir von ihnen. Alle drei haben uns diese Moral unterrichtet, sie haben uns gesagt, dass ein Mann, der gut arbeitet und Benehmen hat, immer sicher ist, dass es einem solchen Mann an nichts fehlen wird. Was noch stärker ist, sie glaubten daran. Und was noch stärker ist, es *war* wahr.

Die einen väterlich und mütterlich; die anderen schulisch, intellektuell, laizistisch; wieder andere ehrfürchtig, fromm; alle schulmeisterlich, alle väterlich, alle unterrichteten, glaubten, *beteuerten* mit viel Herz diese dumme Moral (unsere einzige Rettung; unser geheimer Antrieb): dass ein Mann, der so viel arbeitet, wie er nur kann, und der keine große Sünde hat, der kein Spieler und kein Trinker ist, sich sicher sein kann, dass ihm nie etwas fehlen wird, und, wie meine Mutter sagte, dass er immer Brot für seine alten Tage haben wird. Sie alle glaubten das aus einem antiken und verwurzelten Glauben heraus, aus einem nicht entwurzelbaren, nicht entwurzelten Glauben: dass der vernünftige, wohlerzogene Mensch, dass der Arbeitsame vollständig dagegen abgesichert war, an Hunger zu sterben. Ja dass er sich sogar sicher sein konnte, immer seine Familie ernähren zu können. Dass er immer Arbeit finden und seinen Lebensunterhalt verdienen würde.

Diese ganze alte Welt bestand im Wesentlichen darin, *den Lebensunterhalt zu verdienen.*

Um es noch genauer zu sagen: Sie glaubten, dass der Mensch, der sich in seiner Armut einquartiert und der, wenn auch nur halbherzig, die Tugenden der Armut besitzt, dort eine kleine Totalsicherheit findet. Oder um noch grundsätzlicher zu sprechen, sie glaubten, dass das tägliche Brot durch rein zeitliche Mittel, ja allein durch das Spiel der hin- und her schwankenden Ökonomie für denjenigen gesichert ist, der die Tugenden der Armut besitzt und der zustimmt (wie man es übrigens tun soll), sich mit der Armut zu begnügen. (Was für sie übrigens zugleich und an sich nicht nur das allergrößte Glück, sondern sogar das einzige Glück darstellte, das man sich vorstellen kann.) (Sich gut einzurichten in einem kleinen Haus der Armut.)

Man fragt sich, wo und wie ein so dummer Glaube entstehen konnte, (unser tiefes Geheimnis, unsere letzte und unsere geheime Regel, unsere heimlich geliebte Lebensregel); man fragt sich, wo und wie sie entstehen konnte, eine so unvernünftige Meinung, eine so wenig zu verteidigende Meinung über das Leben. Man muss nicht weiter suchen. Diese Moral war nicht dumm. Damals war sie richtig. Sie war sogar die einzig richtige. Dieser Glaube war nicht absurd. Er war in Tatsachen begründet. Und er war damals der einzige, der in Tatsachen begründet war. Diese Meinung war nicht unvernünftig, dieses Urteil war auch nicht unvertretbar. Es ging, im Gegenteil, aus der tiefsten Wirklichkeit dieser Zeit hervor.

Man fragt sich oft, wo und wie diese alte klassische Moral entstehen konnte, diese alte traditionelle Moral, diese alte Moral der Arbeit und der Sicherheit im Gehalt, der Sicherheit in der Entlohnung, vorausgesetzt, dass man sich innerhalb der Grenzen der Armut beschränkte und dann auch schließlich der Sicherheit im Glück. Doch das ist genau das, was sie sahen: alle Tage. Wir, wir sehen das niemals wieder, und wir sagen uns: Wo haben sie das nur erfunden. Und wir glauben (weil es Schulmeister waren und Pfarrer, das heißt in einem bestimmten Sinn auch Schulmeister), wir glauben, dass dies eine schulische, intellektuelle Erfindung war. Überhaupt nicht. Nein. Es war im Gegenteil das, was die Wirklichkeit selbst war. Wir haben eine Zeit gekannt, wir haben eine Zeit berührt, wo genau das die Realität war. Diese Moral, dieser Blick auf die Welt, diese Ansicht der Welt hatte alle wissenschaftlichen Sakramente. Sie war es, die in Gebrauch war, die erfahren, praktiziert, empirisch erprobt, experimentiert wurde, das heißt ständig umgesetzt wurde. Sie war es, die wissend war. Sie war es, die sah. Und das ist vielleicht der größte Unterschied, der Abgrund, der zwischen der modernen Welt und der großen antiken, heidnischen, christlichen französischen Welt, die von uns an jenem Datum abgetrennt wurde, das ich genannt habe. Und hier stoßen wir noch einmal auf unsere alte Behauptung, dass die moderne Welt sich als solche auf einmal allen anderen Welten gegenüberstellt, allen anderen alten Welten zusammen und für sich genommen. Wir haben diese Welten gekannt, wir haben sie berührt (und als Kinder waren wir Teil ihrer), in ihnen war ein Mensch, der sich in seine Armut fügte, zumindest in dieser Armut gesichert. Dies war so etwas wie ein stummer Vertrag zwischen Mensch und Schicksal, und diesen Vertrag hat das Schicksal vor dem Anbruch der modernen Zeit nie gebrochen. Es gab eine Übereinkunft, dass derjenige, der nach Lust und Laune oder willkürlich handelte, der ein Spiel einführte, der sich aus der Armut davonschleichen wollte, alles riskierte. Weil er das Spiel einführte, konnte er verlieren. Aber derjenige, der nicht spielte, konnte nicht verlieren. Sie konnten nicht ahnen, dass eine Zeit kommen sollte, ja schon da war, die moderne Zeit, in der auch derjenige, der nicht spielte, immer verlieren würde, und noch sicherer als der Spieler.

Sie konnten nicht voraussehen, dass diese

Zeit kommen sollte, dass sie da war, dass sie schon hineinragte. Sie konnten nicht einmal vermuten, dass es jemals eine solche Zeit geben sollte. In ihrem System, das das System der Wirklichkeit selbst war, riskierte, wer etwas wagte, offensichtlich alles; wer aber nichts wagte, riskierte ganz und gar nichts. Wer der Armut zu entkommen strebte oder ihr zu entkommen vorspielte, riskierte, in die schlimmste Misere zurückzufallen. Aber wer nicht spielte, wer sich in die Armut fügte und kein Risiko einging, lief im Gegenzug auch keinerlei Gefahr, in irgendeine Misere zu geraten. Mit der Annahme der Armut ging eine Art Diplom einher, eine Art Vertrag. Der Mensch, der sich entschieden in die Armut fügte, war niemals ein in seiner Armut Verfolgter. Sie war ein Refugium. Sie war ein Asyl. Und es war heilig. Unsere Grundschullehrer sahen dieses Purgatorium, um nicht zu sagen: diese Hölle der modernen Welt nicht voraus – wie hätten sie sie auch voraussehen oder sich vorstellen können –, in der, wer nicht spielt, verliert, und zwar immer, und in der, wer sich in seiner Armut beschränkt, unaufhörlich bis in den Rückzugsort dieser seiner Armut hinein verfolgt wird.

Unsere Grundschullehrer, unsere Vorfahren konnten diese Mechanik, diesen ökonomischen Automatismus der modernen Welt nicht vorhersehen oder sich vorstellen, in der wir uns alle von Jahr zu Jahr mehr erdrosselt fühlen durch jenes Halseisen, das uns den Hals immer stärker zusammenpresst.

Es bestand Übereinkunft darüber, dass, wer aus der Armut auszubrechen versuchte, riskierte, ins Elend zu geraten. Das war seine Sache. Er brach den Vertrag mit dem Schicksal. Aber man hatte nie gesehen, dass, wer sich in seiner Armut beschränkte, dazu verurteilt gewesen wäre, immer wieder dem Elend anheimzufallen. Man hatte nie das Schicksal den Vertrag brechen sehen. Sie kannten diese moderne Ungeheuerlichkeit nicht und konnten sie nicht vorhersehen, diese neue Betrügerei, diese Erfindung, diese Unterbrechung des Spiels, die darin besteht, dass, wer nicht spielt, immer verliert.

(Vorausgesetzt, dass wir zwischen Armut und Elend diese wesentliche Unterscheidung erkennen, diesen tiefen Graben, der den Raum zwischen beiden Begriffen aufzeigt, eine Definition, die ich anzuerkennen begonnen habe, als ich in einer Ausgabe der *Cahiers* den bewundernswerten Roman von Lavergne namens *De Jean Coste* las.[34])

Im System unserer guten Grundschullehrer, ob Priester, Laien oder Laizisten, und es war dasselbe System der Realität, riskierte, wer nach oben aus der Armut herauskommen wollte, nach unten zu fallen, herausgestoßen zu werden. Er durfte sich nicht beklagen. Er kündigte den Pakt auf. Aber die Armut war heilig. Wer nicht spielte, wer nicht nach oben entkommen wollte, der lief keine Gefahr, nach unten ausgestoßen zu werden. *Fideli fidelis*,[35] dem Treuen hielt die Armut die Treue. Uns war es vorbehalten, eine untreue Armut kennenzulernen.

Uns war es vorbehalten, dass die Armut selbst uns untreu wurde. Um es mit einem Wort zu sagen, uns war es vorbehalten, dass aus der Ehe mit der Armut ein Ehebruch wurde.

Mit anderen Worten, sie konnten diese Ungeheuerlichkeit der modernen Welt (die sich schon ankündigte) nicht voraussehen, sie konnten sie sich nicht vorstellen, sie konnten sich ein Monstrum wie das moderne Paris nicht imaginieren, in dem die Bevölkerung in zwei genau getrennte Klassen zerschnitten wird, so dass man auf der einen Seite noch nie so viel Geld für das Vergnügen in Bewegung sah und auf der anderen Seite so viel Geld, das sich der Arbeit verweigert.

Und so viel Geld, das für den Luxus rollt, und das Geld, das sich derart der Armut verweigert.

Mit anderen Worten, mit einem anderen Wort, was sie nicht vorhersehen, was sie nicht vermuten konnten, war die Herrschaft des Geldes. Sie konnten sie noch weniger vorhersehen, als ihre Weisheit die antike Weisheit selbst war. Sie kam von weither. Sie stammte aus dem tiefsten Altertum, überliefert in einer zeitlichen Geschlechterfolge, in einer natürlichen Deszendenz, die wir vielleicht eines Tages einmal vertiefend darstellen werden.

Es hat immer Reiche und Arme gegeben, und *es wird unter euch immer Arme geben*,[36] und der Krieg zwischen den Reichen und den Armen macht die größere Hälfte der griechischen Geschichte und vieler anderer Geschichten aus, und das Geld hat niemals aufgehört, seine Macht auszuüben, und es hat nicht auf den Beginn der modernen Zeit gewartet, um seine Verbrechen ins Werk zu setzen. Es ist dennoch nicht weniger wahr, dass der Ehebund zwischen dem Menschen und der Armut noch nie gebrochen wurde. Aber zu Beginn der modernen Zeit wurde er nicht nur gebrochen, sondern der Mensch und die Armut traten zueinander in ein Verhältnis unendlicher Untreue.

Wenn man angesichts der Moderne von den »Alten« spricht, so muss man sowohl die »altertümlichen« Alten als auch die christlichen Alten zusammennehmen. Das war das Prinzip der antiken Weisheit, dass die Götter denjenigen, der aus seinem Zustand ausbrechen wollte, unfehlbar bestraften. Aber im Allgemeinen bestraften sie denjenigen viel seltener, der nicht versuchte, sich über seine Lebensumstände zu erheben. Es war uns vorbehalten, es war der modernen Zeit vorbehalten, dass der Mensch als solcher bestraft wurde.

Aus dem Blickwinkel der Moderne gehen die Antike und das Christentum zusammen, bilden eine Einheit: die beiden Altertümer, das hebräische und das griechische. Der Christ war früher ein Antiker. Bis 1880. Heute muss er ein Moderner sein. So lauten die Gebote der weltlichen Regierungen. So sind die Fänge dieser Zeitalter der Welt. Es ist unbestreitbar, dass selbst die christlichen Sitten einer solch gründlichen Vergeltung unterworfen wurden. Es war uns vorbehalten, diesen neuen Zustand einzuweihen. Im Grunde hatte die Christenheit nach und nach jenes Wort ins Zeitliche übertragen, dass, *wer sich erniedrigt, erhoben wird*, und *dass, wer sich erhebt, erniedrigt wird.*[37] In diesem zeitlichen Sinne verstanden ist es nicht allein das Wort Davids, *Deposuit potentes; et exaltavit;*[38] es ist fast das antike Wort selbst. Das Wort Hesiods und Homers; und das Wort des Sophokles und des Aischylos. Uns war es vorbehalten, das Regime einzuweihen, in dem, wer sich nicht erhebt, trotzdem erniedrigt wird.

Ich war seit einem Jahr an dieser kleinen *école primaire*, die an die *école normale primaire* angeschlossen war, als M. Naudy zum Direktor ernannt wurde; er kam aus einer anderen, weniger bedeutenden Kreisstadt, in der er vielleicht zehn Jahre verbracht hatte. Das war, glaube ich, im Jahr 1881. Er war ein Mann von großer Kultur, mit Hochschulreife, und er hatte, glaube ich, Jura studiert. Er hatte sich, wie viele andere auch, direkt nach dem Krieg in den Grundschulunterricht gestürzt, um der staatsbürgerlichen Rekonstruktion zu dienen, der wir wahrhaft den Wiederaufbau Frankreichs zu verdanken haben. Andere, die es mit diesem Schritt zu großen gesellschaftlichen Karrieren gebracht haben, machten es ebenso. Monsieur Naudy war daran interessiert, etwas zu begründen, keineswegs daran, gesellschaftlich Karriere zu machen. Er hatte das Temperament eines Begründers, das so schön ist und das es zu Beginn der dritten Republik so häufig gab. Ich muss eingestehen, dass diese *école normale d'instituteurs*, in der wir so etwas wie kleine Schutzbefohlene waren, eine ziemlich feine Sache war, etwas Junges, das wie ein frisches Herz schlug, etwas, das voranmarschierte. Der Garten hatte den Zuschnitt einer Seite des Grammatikbuchs und gewährte jene Form vollständiger Zufriedenheit, wie sie nur eine

Seite aus einem Grammatikbuch geben kann. Die Bäume reihten sich aneinander wie junge Beispiele (mit nur einigen Ausnahmen, deren es bedarf, um die Regel zu bestätigen). (Ich habe sie mir noch einmal angesehen. Man weiß nicht, wie es geschehen konnte, dass diese Bäume heute Vierzigjährige sind.) Wir kamen dorthin zurück, als wir uns als junge Gymnasiasten mit den jungen *normaliens* permanent sportliche Wettkämpfe lieferten. Denn auch der Sport wurde damals erfunden, und mit ihm wurde etwas anderes gegründet: Aber das würde mich in komplexe Sachverhalte führen.

So kam Monsieur Naudy als Oberdirektor zu uns. Offiziell leitete er nur die *école normale*. Aber seine überbordende Aktivität konnte die Filialschule nicht übersehen oder vernachlässigen. Sollte ich sagen, dass er mich bemerkte? Aber dann würde ich mich grob ausdrücken. Er wurde bald mein Meister und mein Vater. Ich sagte vorher schon, dass er derjenige Mensch ist, dem ich am meisten zu verdanken habe: Er brachte mich in die Sekundarstufe.[39]

Der Bürgersohn, der in die Sekundarstufe kommt, kann sich nicht vorstellen, was für ein Scheidepunkt das für mich war: den Übertritt in die Sekundarstufe zu schaffen oder an ihm zu scheitern; und was für eine Erneuerung, in diese Klasse einzutreten. Ich war schon woanders hin aufgebrochen, ich war schon auf andere Wege abgeglitten, ich war verloren, als es Monsieur Naudy, diesem eigensinnigen Begründer, mit einer Art rauen Härte, die aus ihm wirklich einen Chef und einen Meister machte, gelang, mich wieder einzufangen und in die Sekundarstufe zurückzuschicken. Nach meinem Schulzeugnis der Elementarstufe hatte man mich selbstverständlich in die *école primaire supérieure d'Orléans* geschickt, ich möchte fast sagen: gesteckt (es gibt so viele Schulen, aber man muss schließlich etwas lernen), (sie nannte sich damals noch *école professionnelle*[40]). Monsieur Naudy packte mich sozusagen am Schlafittchen und steckte mich mit einem Stipendium der Stadt an Ostern in die Sekundarstufe, in die ausgezeichnete Klasse von Monsieur Guerrier. *Er muss Latein lernen*, sagte er: Das ist dasselbe starke Wort, das seit einigen Jahren wieder siegreich durch Frankreich hallt. Was jener Eintritt in die Sekundarstufe zu Ostern für mich bedeutete, verbunden mit dem Erstaunen vor der Neuartigkeit des *rosa, rosae*, der Öffnung einer ganzen Welt, einer ganz anderen, einer ganz neuen Welt, das müsste gesagt werden, aber das würde mich in Zärtlichkeiten verstricken. Der Grammatiker, der eines schönen Tages und als Erster die lateinische Grammatik mit der Deklination von *rosa, rosae* öffnete, wird nie wissen, welche Blumenbeete er der Seele des Kindes aufschloss. Sie sollte mich die ganze Sekundarstufe hindurch begleiten, diese große, liebevolle und väterliche Güte, diese Frömmigkeit des Patrons und Meisters, die wir bei allen unseren Lehrmeistern der Grundschule antrafen. Guerrier, Simore, Doret in der 6., 7., 8. Klasse.[41] Und in der 9. dieser durch und durch hervorragende Mann, der aus den westindischen Kolonien kam und dessen Namen ich wiederfinden muss. Er kam direkt von *den Inseln*. Diese große Güte, diese große, zu uns hinabsteigende Frömmigkeit des Tutors und Vaters, diese Art ständiger Warnung, diese lange und geduldige und zärtliche väterliche Treue, eines der schönsten menschlichen Gefühle, das es auf der Welt gibt, begleitete mich während meiner ganzen Zeit in dieser kleinen Grundschule, die an die *école normale d'instituteurs* von Orléans angeschlossen war. Ich fand sie wieder in fast meiner ganzen Zeit im Gymnasium von Orléans. Ich fand sie wieder in Lakanal, ganz besonders bei Père Édet,[42] der sie zu einer Art von Vollkommenheit vorantrieb. Ich habe sie wiedergefunden in Sainte-Barbe. Ich habe sie wiedergefunden in Louis-le-Grand, vor allem bei Bompard. Ich habe sie in der *école*[43] wiedergefunden, vor allem bei einem Mann wie Bédier oder einem

Mann wie Georges Lyon. Ich musste an die Sorbonne kommen, um mit der Verblüffung eines *Einfaltspinsels* zu entdecken, was ein Meister ist, der seine Schüler hasst, der ausgezehrt ist von Neid und Eifersucht, vom Bedürfnis tyrannischer Beherrschung; und zwar genau deshalb, weil er ihr Meister ist und sie seine Schüler sind; ich musste erst an die Sorbonne kommen, um zu wissen, was ein verbitterter Alter ist, (das Hässlichste, was es auf der Welt gibt), ein fleischloser und verbitterter und unglücklicher Meister, ein vertrocknetes Gesicht, verblüht, nicht nur faltig; ausweichende Augen; ein böser Mund; Lippen wie ein Warenautomat; und diese Unglücklichen, die ihren Schülern alles übelnehmen: dass sie jung sind, neu, frisch, unschuldig, dass sie Anfänger sind, nicht gebeugt wie sie selbst; und vor allem das größte aller Verbrechen: dass sie eben ihre Schüler sind. Dieses schreckliche Altfrauen-Gefühl.

Wer stand nicht schon einmal am Scheideweg. Ich frage mich oft mit einer Art rückblickender Furcht, mit einem erinnernden Schwindel, wo ich hingegangen, was aus mir geworden wäre, wenn ich es nicht in die Sekundarstufe geschafft hätte, wenn Monsieur Naudy mich in jenen Osterferien nicht rechtzeitig herausgefischt hätte. Ich war zwölfeinhalb. Es wurde Zeit.

In diesem *Cahier*[44] finden sich die Ergebnisse von dreißig Jahren Erfahrung in der Grundschule, durchlebt von einem Mann, der dort sicher ursprünglich nicht hingehörte, der sich aber rückhaltlos einsetzte. Durch einen Mann, der sich ganz und gar einbrachte, ohne jede Beschränkung oder Hintergedanken, durch einen Mann, der das zu seinem Leben machte. Monsieur Naudy verließ die *école normale d'Orléans* nach zehn oder zwölf guten Jahren voller Beschäftigung (es waren wirklich die wichtigsten zwölf Gründungsjahre dieser Schule, aus der sie als eine schöne, gefestigte Institution hervorging), um in Paris den Posten eines Inspektors der Elementarstufe zu übernehmen, den er, glaube ich, nicht weniger als zwanzig Jahre innehatte. Wieder einmal, nach so vielen anderen Gelegenheiten, haben wir also die glückliche Gelegenheit, von einem Beruf zu hören (einem der ersten Berufe), durch einen Mann dieses Berufs; von einem, der diesen Beruf dreißig Jahre und länger ausgeübt hat; nicht von einem Mann, der auf Papier darüber redet; sondern von einem Mann, der ihn ausgeübt hat; dreißig Jahre; von einem Mann mit großem Verstand, mit offenem Geist, mit einer sehr großen Aktivität, der dort dreißig Jahre gearbeitet hat, und das bis ins kleinste Detail. Und der immer ausgesprochen gut positioniert war, um darüber zu sprechen. Wenn er zu uns über die *écoles normales* und über die Inspektionen spricht, dann handelt es sich dabei nicht um Papiere und Büroberichte über die *écoles normales* und über die Inspektionen, es handelt sich um die *écoles normales* und die Inspektionen selbst. Die Ideen, die jetzt zu zirkulieren beginnen und die heute in einigen Berichten und Gesetzesprojekten auftauchen, stammen von ihm, es waren die richtigen Ideen zum richtigen Zeitpunkt, geschöpft aus einer langen Erfahrung.

Ich muss nicht betonen, dass ich nicht eine Zeile am Text meines alten Meisters geändert habe. Man wird hier sicherlich eine, wie soll ich sagen, sozusagen jugendliche Kraft finden, und warum sollte ich nicht meinen ganzen Gedanken zum Ausdruck bringen: eine Tugend der Illusion, die wir nicht mehr haben. Es überkommt einen eine große Traurigkeit, wenn sechzigjährige Männer ihre Illusionen behalten haben und wenn vierzigjährige Männer sie nicht mehr besitzen. Und dies ist auch ein Zeichen dieses Zeitalters und des Aufkommens der modernen Zeiten, und nichts dergleichen hat es in irgendeiner anderen Zeit gegeben. Es ist ein großes Elend, wenn sechzigjährige Männer jung sind und vierzigjährige Männer nicht mehr. Wir waren stets eine Generation, die durch alle *minima* und manchmal auch durch alle Nichtigkeiten der zeitgenössischen Geschichte hindurchgegangen ist. Das meinte ich, als ich früher von einer geopferten Generation sprach. Aber ich weiß nicht, warum ich mich darin verrenne, es noch einmal zu sagen. Die Vierzigjährigen wissen es sehr gut, ohne dass man es ihnen sagt. Die davor und die danach, die Sechzigjährigen, von denen wir geopfert wurden, und die Männer von zwanzig Jahren, für die wir uns geopfert haben, scheren sich nicht darum; und auch wenn sie sich darum scherten, würden sie es niemals glauben; und auch wenn sie es glaubten, werden sie es niemals wissen können, was immer man ihnen auch sagte. Das ist eben das Prinzip des Geschichtsunterrichts.

Daraus folgt, dass man in diesem *Cahier* denselben Eifer des Laizismus findet, der das ganze Leben dieser Männer erfüllte und der bei einigen von ihnen zu einem verbohrten Furor degeneriert ist, bei anderen sich wiederum als ein schlichter Kampfeseifer erhalten hat, als ein freudvoller Eifer. Seit dem Beginn dieser

Cahiers ist es eine absolute Regel und unser Prinzip, unsere grundlegende Bestimmung, und, so denke ich, unsere beste Existenzberechtigung, dass der Autor in seinem *Cahier* freie Hand hat und dass ich nur dazu da bin, die zeitliche Herrschaft dieser Freiheit zu sichern.

Von dieser grundlegenden Regel gab es bisher keine Ausnahme. Und es wird auch in diesem Fall keine geben, in dem mir ein Text von einem derjenigen Männer gebracht wurde, an denen ich am meisten hänge.

Diese grundlegende Regel, die seit 15 Jahren eisern durchgehalten wird und die so lange aufrechterhalten wird, wie der Verlag existiert, hat uns viel gekostet. Ihr, und fast ihr allein, verdanken wir die 15 Jahre Armut, durch die wir hindurchgegangen sind. Und ihr werden die Jahre zu verdanken sein, die uns erwarten. Und wenn ich »Armut« sage, dann geschieht das aus Anstand, denn ich verrate selbst etwas von meinen eigenen Definitionen. Wir wissen sehr genau, dass das Geld nur zu denen kommt, die in Parteien eintreten und die das Spiel der Parteien mitspielen. Und wenn es keine politischen Parteien sind, dann müssen es zumindest literarische Parteien sein.

Das sind dennoch die Sitten der wahrhaften Freiheit. Freiheitlich sein bedeutet genau das Gegenteil von modernistisch sein, und nur durch einen unglaublichen Missbrauch der Sprache kommen wir dazu, beide Begriffe zu verwechseln. Und auch das, was sie meinen. Aber die am wenigsten angebrachten Missbräuche der Sprache sind immer diejenigen, die am erfolgreichsten sind. Und hier liegt eine unglaubliche Verwirrung vor. Und ich hasse nichts so sehr wie den Modernismus. Und ich liebe nichts so sehr wie die Freiheit. (Die Freiheit an sich, denn ist sie nicht die unwiderrufliche Bedingung der Gnade?)

Sprechen wir es aus. Der Modernismus ist, der Modernismus besteht darin, nicht an das zu glauben, was man glaubt. Die Freiheit besteht darin, an das zu glauben, woran man glaubt, und darin, anzunehmen, (im Grunde sogar zu fordern), dass auch der Nachbar glaubt, was er glaubt.

Der Modernismus besteht darin, selbst nicht zu glauben, um nicht seinen Gegner, der auch nicht glaubt, zu beleidigen. Es ist ein System der gegenseitigen Beugung. Die Freiheit besteht darin zu glauben. Und zuzugestehen und daran zu glauben, dass der Gegner glaubt.

Der Modernismus ist ein System der Gefälligkeit. Die Freiheit ist ein System der Ehrerbietung.

Der Modernismus ist ein System der Höflichkeit. Die Freiheit ist ein System des Respekts.

Man sollte diese großen Worte nicht verwenden, aber nun gut: der Modernismus ist ein System der Feigheit. Die Freiheit ist ein System des Muts.

Der Modernismus ist die Tugend der Menschen von Welt. Die Freiheit ist die Tugend der Armen.

Ich muss unseren Abonnenten zugutehalten, dass sie uns unter dieser Freiheitsregierung bewundernswert treu geblieben sind. Das ist ihre Ehre. Und die unsere. Oft habe ich unseren Abonnenten vorgeworfen, nicht zahlreich genug zu sein. Und dieses Jahr werfe ich es ihnen mindestens so sehr vor wie sonst auch. Aber ich gebe zu, dass sich dieser Vorwurf eher auf denjenigen bezieht, der noch nicht dabei ist, als auf denjenigen, der es schon ist. Diese haben vollständig begriffen, das heißt sie wussten genauso wie wir bereits im Voraus, worin die wahren Sitten der Freiheit bestehen.

Noch ein Wort, das ich nicht mag, aber schließlich verlangt das *Leben* selbst nach Freiheit. Eine Zeitschrift lebt nur dann, wenn sie in jeder Nummer ein gutes Fünftel ihrer Abonnenten verärgert. Die Ausgewogenheit besteht darin, dass es nicht immer dieselben sind, die sich in diesem Fünftel befinden. Im anderen Fall, das heißt, wenn man sich befleißigt, niemanden zu verärgern, verfällt man in das

System der großen Zeitschriften, die Millionen gewinnen oder verlieren, aber nichts sagen. Oder besser: *weil* sie nichts sagen.

Unsere Abonnenten haben das sehr gut begriffen, das muss man ihnen zugestehen. Wie wir kennen sie den Geschmack der Freiheit und haben Respekt vor ihr. Sie haben es uns bewiesen durch ihre schöne, fünfzehnjährige Treue. Sie sind, nach wie vor, zu gering an Zahl. Aber diejenigen, die da sind, bleiben.

Durch diese harte Methode, durch dieses einzigartige System der Anwerbung tritt nicht eine gemeinsame Erniedrigung in Erscheinung, die auf einem stetigen Austausch gegenseitiger Zugeständnisse beruht, die man sich beständig untereinander zuspielt, sondern durch diese Methode haben sich unsere *Cahiers* nach und nach als ein gemeinsamer Ort für diejenigen herausgebildet, die nicht betrügen. Wir sind hier Katholiken, die nicht betrügen; Protestanten, die nicht betrügen; Juden, die nicht betrügen; Freidenker, die nicht betrügen. Genau deswegen sind wir hier so wenige Katholiken; so wenige Protestanten; so wenige Juden; so wenige Freidenker. Und insgesamt überhaupt so wenig. Und gegen uns haben wir die Katholiken, die betrügen; die Protestanten, die betrügen; die Juden, die betrügen; die Freidenker, die betrügen; die Lavisse aller Parteien;[45] die Laudets aller Lager.[46] Und das sind viele. Außerdem erkennen sich alle Betrüger ganz sicher untereinander und stützen sich gegenseitig; mit unfehlbarer Sicherheit; mit unbesiegbarer Sicherheit; um sich zu stärken; mit gnadenloser Sicherheit; mit einer Sicherheit des Instinkts, des Geschlechts, dem einzigen Instinkt, den sie besitzen, der nur mit der tiefen Selbstverständlichkeit zu vergleichen ist, mit der die Mittelmäßigen sich untereinander erkennen und sich gegenseitig unterstützen. Aber im Innersten ist es nicht dasselbe. Und sind sie auch nicht dieselben. Wenn nur auch wir, die ehrbaren Menschen, der Ehrenhaftigkeit genauso treu wären, wie die Mittelmäßigkeit der Mittelmäßigkeit die Treue hält.

Ich verstehe nicht, dass es eine Diskussion um die Grundschullehrer gibt. Zunächst: Wären sie alle Grundschullehrer geblieben, wäre das alles nicht geschehen. Sie sollen sich um die Schule kümmern, denn es gibt nichts Schöneres auf der Welt.

Sie sollen sich bloß nicht täuschen lassen: Sie haben den schönsten Beruf der Welt. Nur sie haben Schüler. (Sie und die Lehrer der Sekundarstufe). Die anderen haben Anhänger. Die anderen: Das sind die Lehrer der weiterführenden Schulen. Und hierher gehört leider der Schriftsteller.

Man setze sich der Erfahrung aus, das Experiment ist einfach. Jeder muss sich nur genau beobachten. Jeder muss nur sein Wesen beobachten und etwas in seinem Gedächtnis suchen. Wer sind wir? Sind wir der unschuldige, aber getäuschte Student, der peinlich genau den Vorlesungen der Sorbonne-Professoren folgt? Nein, dieses Elend sind wir nicht, und wir sind auch nicht mehr diese Art von Beute. Dass jeder, der älter als 35 Jahre ist, sich betrachte und sich erkenne. Dass jeder erkenne, was er ist, wer er ist, und dazu in sein eigenes Wesen hinabsteige. In sein tiefstes Wesen. Wir sind nicht diese reinen, jungen Männer, unschuldig und unangenehm begeistert, arglos, blind, einfältig fromm gegenüber ihren Lehrern, die von ihren Lehrern betrogen wurden. Wir sind jene Kinder, jünger als 12, ebendiese Kinder, genauso rein, vielleicht noch reiner; und wir sind ebenjene Jugendlichen unter 16. Wir sind die Männer unserer arbeitsamen Kindheit. Wir sind die Männer unserer arbeitsamen Jugend. Wir sind keineswegs die Männer unserer missbrauchten Jugend. Das heißt im Gegenteil, dass wir die Beeinflussung durch unsere Eltern haben hinnehmen müssen; und diejenige durch unsere Lehrer der ersten Stufe; und diejenige durch unsere Lehrer der zweiten Stufe. Aber von unseren Lehrern der dritten Stufe haben wir keinerlei Beeinflussung erlitten. Übrigens: Was kümmerten sich unsere Lehrer der dritten Stufe um die geistige Abstammung und Zugehörigkeit und darum, die Herrschaft über unsere Herzen zu erlangen? Ihre einzige Sorge war es, sich durch Hochzeitsspiele, Ernennungen, akademische und universitäre Wahlen, Intrigen, Niederträchtigkeiten, Verrat, Denunziationen und Ehren beständig der zeitlichen Geistesherrschaft zu versichern und diese unter sich weiterzugeben. Nun haben sie, was sie wollten. Und mehr, als sie erhofften. Und mehr sollen sie nicht verlangen.

Das heißt folglich auch, dass der Beruf des Grundschul- und des Gymnasiallehrers neben dem Beruf der Eltern (der übrigens derjenige Beruf ist, der mit dem des Grundschullehrers die größte Verwandtschaft hat) der schönste Beruf der Welt ist. Oder, wenn man so will, der Beruf des Grundschullehrers und des Lehrers an einer weiterführenden Schule. Aber es ist wichtig, dass die Grundschullehrer sich mit diesem Schönsten begnügen. Dass sie nicht selbst damit beginnen, eine geistige Herrschaft, eine zeitliche Herrschaft des Geistes zu entwickeln, zu erfinden, auszuüben. Das hieße, nach dem Abstieg streben.[47] Genau auf diese Weise haben die Pfarrer Frankreich verloren. Es wäre nicht angebracht, wenn die Grundschullehrer durch dasselbe Spiel Frankreich ihrerseits verlören. Wir müssen uns an die Idee gewöhnen, dass wir ein freies Volk sind. Hätten die Pfarrer sich bemüht, sich auf ihr Amt zu beschränken, würden die Menschen in den Pfarreien sich heute noch um sie drängen. Solange die Grundschullehrer unseren Kindern den Dreisatz und vor allem die Neunerprobe unterrichten, werden sie angesehene Bürger sein.

Warum vor allem erzeugt man oder versucht man diese Verwirrung zu erzeugen, die wir überall sehen, auf allen ihren Kongressen, in ihren Zeitungen und Zeitschriften und Forderungen? Warum vermengt man Fragen des Geldes mit Fragen des Herrschens? Vielleicht will man Fragen des Geldes ehren, indem man sie mit Fragen des Herrschens vermengt. Aber das Geld ist sehr ehrbar, man kann es nicht oft genug sagen. Wenn es der Preis für das tägliche Brot ist. Das Geld ist ehrbarer als das Herrschen, denn man kann nicht ohne Geld leben, aber man kann sehr gut leben, ohne eine Herrschaft auszuüben. Geld ist nicht ehrlos, wenn es der Lohn ist, die Vergütung und die Bezahlung, wenn es sich also um das Gehalt handelt. Wenn es im Schweiß des Angesichts verdient wird. Es ist nur dann unehrbar, wenn es das Geld der Menschen von Welt ist. In allen anderen Fällen, in denen es nicht das Geld der Menschen von Welt ist, ist es keine Schande, von ihm zu reden. Und von ihm als solchem zu reden. Es gibt sogar nichts Ehrenhafteres, nichts Aufrechteres, nichts Züchtigeres. Man muss immer vom Geld als solchem reden. Wer wollte bezweifeln, dass die Grundschullehrer, wie alle anderen auch, das Recht haben, von ihrer Arbeit zu leben, und wir bestreiten das am wenigsten, wir, die wir als Erste hier den bewundernswerten Roman von Lavergne[48] veröffentlicht haben. Jean Coste hat das Recht, seine Frau und seine Kinder zu ernähren. Daran besteht kein Zweifel. Wenn ihm das heute schwerfällt, dann ergeht es ihm da auch nicht anders als allen anderen. Es ergeht ihm wie uns. Zumindest ergeht es ihm so wie allen, die arbeiten. In der modernen Welt gibt es nur für diejenigen etwas Leichtigkeit, die nicht arbeiten.

Das ist also eine schwerwiegende Frage. Aber was ich jetzt sagen will, ist, dass es sich hierbei wirklich um eine Frage des Gemeinschaftsrechts handelt. Es geht hier um ein gewisses gemeinsames Unglück, um eine große gemeinsame Misere. Es handelt sich um eine Frage des ganzen Lebens der Nation und der Verfügbarkeit von Summen. Diese erste Frage hat nichts gemeinsam mit jener anderen Frage nach der geistigen Herrschaft, die einige

Grundschullehrer unter uns ausüben wollen. Denn das, auch das ist eine *Forderung*.

Wenn junge und selbst ältere Grundschullehrer in die Fakultäten weiterziehen, dann ist dagegen nichts einzuwenden. Ich bin sicher, dass sie dort eine hervorragende Arbeit leisten und dass diese Zusammenarbeit in der Provinz die besten Ergebnisse zeitigt. Aber es ist auch kein Geheimnis, dass der kleine Sorbonne-Clan in Paris sich auf die Grundschullehrer stützen wollte, als er es unternahm, das weiterführende Schulsystem in Frankreich zugrunde zu richten, und es ist auch kein Geheimnis, dass ein bestimmter Teil der Grundschullehrer, (ein sehr kleiner Teil) diesem Aufruf antwortete.

Hier erlaube ich mir nochmals anzumerken, dass es nicht die Grundschullehrer sind, die Unrecht haben. Nicht die Grundschullehrer sind die Hauptschuldigen, sie sind nicht einmal die eigentlichen Schuldigen. In allen Demagogien ist derjenige, der Gegenstand und Objekt und träges Instrument der Demagogie ist, weniger schuldig als derjenige, der die Demagogie erfunden hat und sie betreibt. Der ihr erster Motor ist. Große Koryphäen, Männer in hohen Funktionen, haben den Grundschullehrern gesagt, dass die Gymnasien nichts wert sind, dass man vom Beginn der sechsten Klasse bis zum

Ende der Philosophie[49] nichts lernt. Ich werfe den Grundschullehrern nicht vor, dass sie das etwa geglaubt hätten. Ich werfe den Professoren, die durch die 6. und die Philosophie-Klasse gegangen sind, nicht vor, dass sie es gesagt haben. Es darf nicht darum gehen, Truppen um jeden Preis anzuheuern. Man sollte die Welt nicht allzu sehr täuschen.

Das führt mich zu einer seltsamen Frage, und es wundert mich, dass sie noch nicht gestellt wurde. Warum gingen die Grundschullehrer nicht aufs Gymnasium? Ich erinnere mich noch gut daran, wie das ablief. Ich erinnere mich noch gut an den Weg, dem ich folgte, als Monsieur Naudy mich herauszog. Die jungen Männer, die sich vorgenommen hatten, Grundschullehrer zu werden, oder besser: Die jungen Männer, aus denen man Grundschullehrer machen wollte, besuchten zunächst drei Jahre lang die *école primaire supérieure*, die man damals – ich sagte es bereits – *école professionelle* nannte; erstes Jahr, zweites Jahr, drittes Jahr. Drei Jahre lang bereiteten sie sich auf den Eintritt in die *école normale primaire* vor. Diejenigen, die genommen wurden, verbrachten anschließend drei Jahre in dieser *école normale primaire*. Es ging wieder von vorne los: erstes Jahr, zweites Jahr, drittes Jahr. Alles in allem sechs Jahre. Nimmt man die Zeit hinzu, die man zwischen den beiden Schulen verlieren konnte, kam man leicht auf die Zeit, die man im Gymnasium benötigt, vom Beginn der *sixième* bis zum Abschluss der Philosophie-Klasse. Nun aber waren diese Arbeiter- oder Bauernkinder, die schon stark ausgewählt waren, die sich für den Beruf des Grundschullehrers vorherbestimmt sahen und sich darauf vorbereiteten – oder die man für diesen Beruf vorbereitete oder bestimmte –, im Durchschnitt mindestens ebenso intelligent wie die kleinen Bürgerlichen, die etwas verwirrt das Gymnasium in Angriff nahmen. Und sie arbeiteten mindestens genauso viel. Und einige von ihnen arbeiteten sogar sehr gut. Um das einfache Diplom zu schaffen, gaben sie sich viel mehr Mühe, strengten sie sich viel mehr an als wir, wenn es um die Prüfung am Ende der *quatrième*[50] ging, die wir nicht absolvieren mussten,[51] und auch viel mehr, um die höhere Prüfung zu schaffen, als wir für das Abitur. Man kann sich diese Frage stellen. Und es ist so einfach, sich zu fragen: Warum ließ man sie also bei diesem Aufwand, bei diesem Preis, bei dieser Zeit, die sie investierten, bei all dieser Arbeit und bei dieser Einstellung nicht einfach am Gymnasium studieren? Und warum gab man ihnen anstelle des *brevet supérieur*, das nichts wert ist, nicht zumindest das Abitur, das auch nicht viel mehr ist?

Ich weiß nicht, warum Latein- und Griechischkenntnisse sie davon abhalten sollten, Französisch zu unterrichten, ja selbst auf Französisch zu unterrichten. Ich wäre ein guter Grundschullehrer. Man fragt sich, ob es nicht die französische Bourgeoisie war, die das bewusst so eingerichtet hat, weil sie Konkurrenz fürchtete: Deswegen bildete sie Grundschullehrer aus, die nicht auf dem Gymmasium waren. Denn schließlich ist es mindestens ebenso schwierig und bedarf es mindestens ebenso viel, wenn nicht noch mehr Arbeit, um an die *école normale de Saint-Cloud* zu kommen wie an die *école normale de l'enseignement secondaire*. (Das ist unsere, meine Kinder). Warum hat man es so eingerichtet, dass die Bildung einer konfusen Anhäufung gleichkommt? Wenn es, wie zu vermuten, eine Berechnung der Bourgeoisie ist, dann muss man sagen, dass sie dafür heute ihre Quittung bekommt. Denn es findet gegen sie und unter ihr beständig diese stumme Revolte einer Grundschulausbildung statt, die gerade nicht studiert hat. Noch einmal gilt es festzuhalten, dass die Sabotage von oben kam, aus den Reihen der Bourgeoisie. Und dass sie bezahlt wird mit einer entgegengesetzten Sabotage.

All das ist wie weggeblasen, und ich wende mich jetzt an die Grundschullehrer selbst und nicht mehr an ihre Programme, die sie hinnehmen müssen, und nicht mehr an die Bedingungen, die der Staat ihnen eingerichtet hat, die sie ertragen müssen, und ich erlaube mir, ihnen zu sagen (und ich sage es natürlich nur zu den wenigen, die offensichtlich dieser Versuchung erlegen sind), ich sage ihnen: Warum wollt ihr eine geistige Herrschaft ausüben? Und warum wollt ihr wie alle anderen eine zeitliche Herrschaft des Geistes ausüben? Warum wollt ihr Politik machen und sie durchsetzen? Warum wollt ihre eine Metaphysik haben und sie durchsetzen? Warum wollt ihr irgendein System haben und es durchsetzen?

Ihr seid geschaffen, andere im Lesen, Schreiben und Rechnen zu unterrichten. Bringt ihnen also bei zu lesen, zu schreiben und zu rechnen. Das ist nicht nur sehr nützlich. Das ist nicht nur sehr ehrbar. Das ist die Grundlage von allem. »Er kennt seine vier Regeln«, sagte man in meiner Kindheit über jemanden. Sie sollen uns also unsere vier Regeln beibringen. Ich will keine Wortspiele betreiben, aber, vom Schreiben ganz zu schweigen, es wäre schon ein großer Fortschritt (denn wir befinden uns in einem System des Fortschritts), ein Volk zu haben und ein Volk zu sein, das lesen und rechnen kann. Und wenn unsere Grundschullehrer ihre Aktivität darauf verwenden würden, das Land von zwei Plagen zu retten, von denen es beständig bedroht wird, dann gibt es hier genug zu tun, um das Leben eines Mannes auszufüllen, und viele Männer würden gern von sich behaupten können, sie hätten so viel erreicht. (Diese beiden Plagen sind natürlich die Politik und der Alkoholismus, und im Grunde sind sie nur eine einzige, und solange die Grundschullehrer einen Halt, eine Einrichtung gegen die Politik und gegen die Weinhändler darstellen, solange haben sie dazu hundertfach das Recht, aber sie haben auch hundertfach Recht, sowohl für sich selbst wie für das Land.) Doch diese großen Reinheitsregeln, diese Praxis der allgemeinen Hygiene sind selbstverständlich; durch den Anspruch auf eine Herrschaft des Geistes können sie nur kompromittiert und vielleicht vollkommen maskiert, vollkommen geprägt, vollständig ausgelöscht werden.

Elementares zu unterrichten, den Kindern eines guten Geschlechts diese alten Wahrheiten beizubringen, denen alle zustimmen (und auf denen die Welt beruht): dass Paris die Hauptstadt Frankreichs ist; dass Versailles die Hauptstadt des *département de Seine-et-Oise* ist. Für die ganz Gelehrten kann man es bis zur Quadratrechnung und sogar zur Kubikrechnung treiben, was könnte erstrebenswerter sein? Und ist es nicht unendlich schöner und größer und weiser, als für betrunkene Männer Reden zu schwingen? Sie sollen vom metrischen System sprechen, das die inkarnierte Vernunft und so vollkommen ist. Auch vom Sonnensystem, das auch eine Art metrisches System ist, und von seinen Berechnungen, und das wahrhaftig so groß ist, von seinen Planeten, Satelliten und der Milchstraße; für die Gelehrtesten können sie von der Drehung und der Umlaufbahn sprechen; kurz und gut von allem, was wir in der Grundschule gelernt haben (alles, was wir wissen). Sich sicher sein, dass alles, was man sagt, wahr ist, dass alles, was man sagt, trägt, gut verstanden wurde, erhalten bleibt, was für eine glückliche Sache, es gibt nichts Höheres.

Schöne Analysen, logische, und grammatikalische, wo alles perfekt aufging, wo man alles wusste, wo man alles vollständig auseinandernahm, wo man einem Satz auf den Grund ging, wo nichts offen blieb, wo alles stimmte. Und diese schönen arithmetischen Fragestellungen, bei denen man die Rechnung vom Lösungsweg so sorgfältig mit einer senkrechten Linie trennen musste, und es ging immer um Wasserhähne, die ein Becken entweder füllten oder leerten (oft beides gleichzeitig), (um gleichzeitig zu füllen und zu leeren), (komische Beschäftigung), (*nach wie vielen Stunden …*); und es gab immer Wohnungen, die möbliert werden mussten. Und man multiplizierte den Tapezierer mit dem Preis für den laufenden Meter.

Nachwort von Peter Trawny
Die Geisel des Kapitals – Zu Charles Péguys »L'Argent«

Wer die Genealogie der Moderne verstehen will, muss die tiefgreifenden Verschiebungen im Zusammenhang der weltbildenden Lebensbereiche wie der Religion, der Kunst, der Wissenschaft und der Ökonomie betrachten. Am Ende des 19. Jahrhunderts, an der Schwelle zu jenem Jahrhundert der großen Weltkatastrophen, geschah etwas, das lang überlieferte Lebensformen erschütterte. Seitdem ist Europa auf der Suche nach der verlorenen Zeit.

Charles Péguys Essay »Das Geld«, 1913, in diesem letzten Jahr des alten Europa, geschrieben, gehört zu einem jener Texte, die eine Erschütterung registrieren. Péguy spürt den Untergang einer Gemeinschaftsform, die er »Volk« nennt. Diese Gemeinschaft wurde durch ein recht stabiles Fundament getragen. Sie hat es zerstört. An die Stelle einer verlässlichen Lebens- und

Sterbensordnung setzte sich eine enorm bewegliche Struktur technisch-ökonomisch-medialer Bestimmungen (das Universal TKM[52]).

Péguy beschreibt den Untergang des »Volkes« angesichts der »Herrschaft des Geldes«, die von der »Bourgeoisie« repräsentiert wird. Es geht dabei weniger um Anschuldigungen dieser von Marx so verehrten und kritisierten Klasse als darum, die Effekte dieser Herrschaft darzustellen. Die große gesellschaftliche Eruption am Beginn des 20. Jahrhunderts – sie hängt mit dem Geld zusammen, mit der Ökonomie als dem Schlüssel zu einem Leben, das sich immer mehr ausschließlich ökonomistisch begreift. Nicht eigentlich das Ökonomische, dessen genauere Kenntnis einer gewissen Anstrengung bedarf, sondern das *Ökonomistische* – der Glaube an die Ökonomie als Total-Remedium – tritt ins europäische Bewusstsein.

Das »Volk«, von dem Péguy spricht, ist zunächst vom französischen peuple, dem lateinischen populus, her zu verstehen. Die »wunderbare Welt der Arbeiter und Bauern« – das ist für den Autor die Welt einer unmittelbaren Ordnung. In ihr produziert der Arbeiter in ungebrochenem Arbeitsethos seine Dinge, die er mit einem selbstverständlichen Preis veräußert, um sich in seinem selbstgenügsamen Leben fühlen zu können – Arbeit als Ritual und Disziplin eines sich selbst begrenzenden Lebens.

»Ein Stuhlbein musste gut gemacht sein« – selbst das am Produkt, was nicht zu sehen war, wurde mit größter Sorgfalt hergestellt. Man kann an die Stein-Skulpturen einer Kathedrale erinnern, die kein Mensch je sah und die dennoch genauso aufwendig gearbeitet waren wie die Figuren im Altarraum. In solchen Betrachtungen zeigt sich Péguys christliches Bewusstsein. Das Schaffen ist für ihn im Grunde kein ökonomisches Phänomen. Das gut gearbeitete Ding hat seinen Wert in sich. Im Jahre 1913, dem Entstehungsjahr von Péguys Text, wurde in Chicago das Fließband in die Autoproduktion eingeführt.

Die Dinge als in sich selbst bedeutend zu betrachten, gehört zu einer Weltauffassung, in der das Virtuelle keine Realität beanspruchen kann. Alles ist, was es ist. Die Leistung ist sichtbar. Ökonomisch betrachtet schließt das gut gemachte Stuhlbein den Mehrwert aus. Das liegt auch daran, dass der ökonomische Prozess sich auf den Handwerker, sein Ding und den späteren Besitzer des Dinges beschränkt. Der »Manager« ist in dieser Welt eine unmögliche Figur. Der Aufstieg des modernen Kapitalismus bedeutet daher für die Dinge das, was Peter Sloterdijk kürzlich einmal die »Apokalypse des Realen«[53] genannt hat.

Keine Frage, Péguy erinnert an einen vormodernen Zustand, an ein vormodernes Leben. Die Welt habe sich »seit Jesus Christus weniger verändert als in den letzten dreißig Jahren«. Für ihn gibt es das christliche – und das moderne Zeitalter. Das ist eine Vereinfachung. Sie geht davon aus, dass sich eine spezifische Welt- und Lebensordnung von der Antike durch das Mittelalter hindurch bis ins 19. Jahrhundert erhalten hatte. Es gibt kein Interesse an Marx, an Engels' Beschreibungen des englischen Manchesterkapitalismus. Péguy hat sie wahrscheinlich den Elaboraten der Moderne zugeschlagen. Marx' Religionskritik passt nicht in seine Sicht.

Gewiss, Péguy, der kurz nach dem Beginn des Ersten Weltkriegs als Soldat fiel, war auch ein Nationalist. Der Aufsatz »Das Geld« ist ein Text über Frankreich, die »Grande Nation«, im Übrigen ein Land, in dem die Industrialisierung langsamer als in England oder Deutschland verlief. Die Beispiele aus der Arbeitswelt erinnern an ein Handwerk, das im Verlauf des 20. Jahrhunderts ein Rand- und am Beginn des

21. Jahrhunderts geradezu ein Luxus-Phänomen geworden ist. Gelegentlich befällt Péguy eine Nostalgie, die den Ernst der Lage eher verklärt. Die Früher-war-alles-besser-Haltung ist nur allzu bekannt. Es bringt im Verständnis historischer Prozesse natürlich nichts.

Wer aber Péguys Text so versteht, überliest, dass der Autor sich einmal als einen beschreibt, der »so lange«, will sagen, eine lange Zeit, nachforschen muss. Er bezeichnet sich als »den Degenerierten«, d. h. als einen, dem das »Volk«, die »wunderbare Welt der Arbeiter und Bauern«, bereits fremd geworden ist. Die unmittelbare Zugehörigkeit zur Christus-Welt, zu jener Ordnung, in der die Dinge waren, was sie waren, ist dem Schriftsteller bereits unzugänglich geworden.

Péguy beschreibt die Zerstörung des »Volkes«, genauer, seinen »Selbstmord«. Dieser bestehe darin, dass das »Volk« begann, die Spielregeln der Bourgeoisie und d. h. die »Herrschaft des Geldes« anzuerkennen. Es geht um das, was man vielleicht als das *Stockholm-Syndrom des Kapitalismus* bezeichnen kann. Aus irgendwelchen Gründen habe das »Volk« aufgehört, genügsam zu sein (Péguy spricht im christlichen Narrativ von einer »Armut«, in der es sich genügsam, doch problemlos leben ließ). Die Grenzen, die das alte Leben um sich zog, leuchteten angesichts der Möglichkeiten des Geldes nicht mehr ein.

Der Begriff des Stockholm-Syndroms bezieht sich auf eine fünftägige Geiselnahme in einer Stockholmer Bank im August 1973. Ein Mann nahm vier Geiseln (drei Frauen und einen Mann), um u. a. die Freilassung eines Inhaftierten und die Übergabe von drei Millionen Kronen zu erzwingen. Im Verlauf der Geiselnahme schlugen sich die Geiseln auf die Seite des Geiselnehmers. Auch nach dem Scheitern des Überfalls und der Gefangennahme des Geiselnehmers erhielt sich ein Kontakt zwischen den Beteiligten. Psychologisch wird die Parteinahme der Geiseln für den Kriminellen als eine *Überlebensstrategie* betrachtet. Die Geiseln erkennen gleichsam instinktiv die *unmittelbare* Bedrohung durch den Geiselnehmer. Diese soll durch die ihm entgegengebrachte Sympathie abgebaut werden.

Überleben im Kapitalismus – bedeutet gerade nicht, dass Verhungern droht. Eine solche Knappheit würde die Psychologie des Stockholm-Syndroms durchkreuzen. Das Überleben im Kapitalismus besteht in einem Aushalten eines permanent prekären Lebens unter den Bedingungen des Wettbewerbs; die Situation der Geisel ist der prekäre Zustand als solcher. Am Beginn des 21. Jahrhunderts manifestiert sich diese Existenz vor allem in der ökonomischen Unsicherheit der Lebenszeit. Unter der »Herrschaft des Geldes« heißt Leben Leben in Konkurrenz. Dort, wo das Subjekt diesem Leben nicht mehr standzuhalten vermag, fällt es auf seine biologische Bedürftigkeit zurück. Es wird sich zeigen, ob und wie eine kapitalistische Gesellschaft von alternden und unproduktiven Subjekten möglich sein wird.

Geld ist Freiheit, das Versprechen der Freiheit. Es liefert nicht nur die Instrumente, mit denen sich das moderne Leben seine Welt einrichtet. Es bietet auch den Genuss, den die Genügsamkeit nicht kennt. In dieser Funktion erhält das Geld einen metaphysischen Schein. Dieser beginnt, das christliche Heilsversprechen zu überstrahlen. Nietzsche sah den Nihilismus kommen. Doch das Geld widerspricht dieser Vision. Es ist *der* Wert schlechthin.

Walter Benjamin stellt Anfang der zwanziger Jahre in einem seltsamen Text fest, dass »im Kapitalismus«[54] »eine Religion zu erblicken« sei, d. h. dass der Kapitalismus »essentiell der

Befriedigung derselben Sorgen, Qualen, Unruhen« diene, »auf die ehemals die so genannten Religionen Antwort gaben«. Es sei vor allem der »Kultus« des Kapitalismus, der das Leben durchdringe; eine Beobachtung, die Georg Simmel mit seinem Begriff des »Mammonismus«[55] vorweggenommen hat. Der moderne Mensch betet zum Geld.

Richtig an diesen Deutungen ist wohl, dass der christliche Glaube nicht mehr die Kraft hatte, die enorme Dynamik des Kapitals zu marginalisieren, d. h. sie aus der Mitte des Lebens fernzuhalten – wenn er nicht, im Sinne Max Webers, diese Dynamik noch steigerte. Doch anders als Simmel und Benjamin erkennt Péguy eine dem Kapitalismus immanente Gewalt, die dem Versprechen der Freiheit widerspricht.

Péguy bemerkt eine »ökonomische Erdrosselung«, eine »wissenschaftliche, klare, rechteckige, gleichmäßige, saubere, klare Erdrosselung«, die »keinen Fleck« hinterlasse, »die erbarmungslos, weise, weitverbreitet, regelmäßig, bequem« sei, »wie eine Tugend«, gegen die sich »nichts sagen« lasse und »der gegenüber derjenige, der erdrosselt werde, ganz offensichtlich Unrecht« habe. Gewiss, die Verlierer im ökonomischen Wettbewerb haben keine Argumente. Sie haben die Freiheit des Kapitals nicht zu nutzen gewusst. Die Armut ist nicht mehr die Genügsamkeit, sondern die Schande vor dem Reichtum, der allen offen steht.

Aber die Psychologie des Kapitals scheint komplexer zu sein. Wenn Péguy von dem zeittypischen Eindruck spricht, »in einem Arbeitslager zu sein«, wenn er davon spricht, dass man »von der Wirtschaft stranguliert« wird, dann muss man sich fragen, warum das Geld diese Herrschaft ungehindert ausüben kann. Warum geben wir dem Kapital diese Macht, die uns zu zerstören droht? Weil wir den Zerstörer lieben.

Der Kapitalismus setzt uns in seiner ihm eigenen Dynamik und Intensität unter Druck. Er steigert die Bereitschaft zur Mobilität und zum Opportunismus (zwei übrigens miteinander zusammenhängende Phänomene). Zudem fordert er ein indifferentes Selbstverhältnis, nach dem das Subjekt sich sozial dort einzusetzen habe, wo es gebraucht werde (Benjamin spricht von einer »religiösen Färbung«[56] des Utilitarismus«). Wie schon Péguy feststellt, forciert der Kapitalismus die Ungleichheit zwischen den Menschen bei gleichzeitiger ständiger Betonung der Gleichheit. Die psychosoziale Situation des

Menschen im 21. Jahrhundert ist die der permanenten Erschöpfung.[57]

Zugleich aber *sorgt* der Kapitalismus für uns. Seine Befürworter betonen seine große Überlegenheit über alle anderen Ökonomie-Entwürfe. Die Globalisierung hat in vielen Teilen der Welt technologischen und medialen Fortschritt ermöglicht. Selbst ein noch in der zweiten Hälfte des 20. Jahrhunderts an Hungersnöten leidender Riesen-Staat wie die Volksrepublik China hat sich zu einem ökonomischen Vorbild entwickelt. Zum Kapitalismus scheint es in der Tat keine Alternative mehr zu geben.

Die Gewalt, die Péguy beschreibt, äußert sich demnach zugleich als Sorge. Das führt dazu, dass man beginnt, dem Kapitalismus zu vertrauen, ja, ihn zu lieben. Zugleich erblickt man in seinen Alternativen, die von den Kritikern betont werden, die Bedrohung, die der Kapitalismus selbst ist. »Antikapitalistische« Gedanken werden geradezu allergisch abgewiesen. Der Gewalt der Befreiung wird die Gewalt der Geiselschaft[58] vorgezogen. Jenseits des Kapitalismus scheint das Überleben unmöglich zu sein. Daher wird die »Herrschaft des Geldes« trotz aller intellektuellen, psychologischen und moralischen Deformationen bejaht.

Das zeigt sich vielleicht besonders in bildungspolitischen Entscheidungen. Péguy kommt in seinem Aufsatz immer wieder auf Bildungsinitiativen der dritten französischen Republik zu sprechen. Er selbst verdankt seine Bildung bestimmten Innovationen auf diesem Gebiet. In anderen Texten hat er betont, dass jede Krise auf dem Gebiet der Bildungspolitik eine »Krise des Lebens« sei. Die »Herrschaft des Geldes« verändert auch das Verständnis der Bildung.

Das lässt sich an bildungspolitischen Veränderungen im Deutschland der letzten Jahrzehnte belegen. Der Kürzung der Regelstudienzeit im Zuge der Bologna-Reform, z. B. der Einführung des Bachelors als Studienabschluss, folgte die Kürzung der Zeit zur Erlangung der Allgemeinen Hochschulreife von dreizehn auf zwölf Jahre. Die Beschleunigung der Ausbildung zur Vorbereitung auf das Berufsleben dient ausschließlich der Mobilisierung der Ökonomie. Der ganze Prozess wird noch von der Aufhebung der Allgemeinen Wehrpflicht bzw. des Ersatzdienstes unterstützt. Bildungspolitisches Hauptziel ist die schnellstmögliche Bereitstellung der Subjekte für den Arbeitsmarkt. In dieser Hinsicht ähnelt die aktuelle europäische Bildungsidee derjenigen sozialistischer Staaten ganz und gar.

Damit wird die Ansicht, Bildung sei vor allem die freie Entfaltung des Charakters im Raum einer reflektierten kulturellen Überlieferung, abgeschafft. Das Subjekt wird gleichsam schon von der Grundschule an als ökonomischer Faktor betrachtet, bereits bei der Geburt erhält es seine Steuernummer. Die freie Bildung wird – wie im 19. Jahrhundert – den Reichen, denen, die es sich »erlauben« können, überlassen. Das Scheitern der Institutionalisierung eines unökonomischen Bildungsverständnisses wird nicht nur resigniert zur Kenntnis genommen, sondern im scheinbar allgemeinen Druck der ökonomischen Situation begrüßt. Offenbar liebt man die Funktionäre einer Bildungspolitik, die keine Bildung mehr will. Lieber eine Geisel der Ökonomie als ein Freier des Geistes.

Die »Hölle der modernen Welt«, in der Péguy lebt, besteht darin, dass ihre Bedingungen keine Ausnahme machen. Das Leben organisiert sich nach ihren Regeln. Als die Geschichte auf die erste europäische Katastrophe, den Großen Krieg, zulief, war keine Zeit, nach neuem, anderem Leben zu suchen. Hat sich nach hundert Jahren die Welt geändert? Wohl kaum. Das Tempo des kapitalistischen Wettbewerbs hat sich erhöht; virtuelle Segmente der Wirklichkeit, die Péguy sich nicht träumen ließ, scheinen die Welt unendlich zu erweitern, ohne sie zu ändern; Hoffnungen, die sich an Alternativen zur »Herrschaft des Geldes« orientierten, wurden enttäuscht. Doch dass die Geiselnahme des Kapitals einmal von selbst aufhörte, ist nicht zu erwarten.

Anmerkungen

1 Im Unterschied zu seinem lyrischen Œuvre wurde das Prosawerk Péguys in Deutschland bisher noch nicht rezipiert. Zwar übersetzte schon 1918 der elsässische Expressionist Ernst Stadler einige Aufsätze für die *Aktionsbücher der Aeternisten*. In den fünfziger Jahren versuchte dann der Herold-Verlag eine Gesamtausgabe. Es erschienen aber nur vier Bände. Schließlich gibt es zwei Bücher mit Übersetzungen von Hans Urs von Balthasar. 1953 veröffentlichte Balthasar die Sammlung *Wir stehen alle an der Front*, die ein, wenn auch sehr unvollständiges, Bild von der Kraft der Prosa Péguys gibt. Doch decken die dort enthaltenen Texte nicht einmal einen Bruchteil des Prosawerks ab.

2 Péguys Sohn Marcel setzte die *Cahiers* später im Verlag Desclée de Brouwer fort.

3 So und für das Weitere Antoine Compagnon in seinem Vorwort zu Péguy, *L'Argent*, Paris 1992, S. 11.

4 Albert Thibaudet, *Histoire de la littérature française*, vgl. Compagnon, a. a. O., S. 12.

5 Maurice Barrès, *Les Mauvais Instituteurs*, 1907, zitiert nach Compagnon, a. a. O., S. 17.

6 Hier denkt Péguy ganz ähnlich wie Ernst Jünger in seinem Großessay *Der Arbeiter* (1932).

7 *Der Ursprung der Soziologie aus dem Geist der Restauration. Studien über L. G. A. de Bonald*, München 1959.

8 Jacques Maritain, *Art et Scolastique*, Paris 1920, S. 2 f.

9 Die Übersetzung beruht auf der Textausgabe Charles Péguy, *L'Argent*. Présentation d'Antoine Compagnon, Paris (Éditions des Équateurs), Paris 2008.

10 Charles Péguys »l'argent« (sic!, die Verweigerung der Majuskeln ist eine typographische Eigenart der Titel der *Cahiers*) erschien im sechsten Heft der XIV. Serie der *Cahiers de la Quinzaine* im Jahr 1913. Péguys Text ist eine Einleitung zu einem umfangreichen Essay über die Geschichte des Grundschulwesens in Frankreich aus der Feder von Péguys ehemaligem Grundschullehrer Théodor Naudy: *Depuis 1880, l'enseignement primaire et ce qu'il devrait être*. Dieser Essay erschien in der folgenden Nummer der *Cahiers*, im 7. Heft der XIV. Serie. Eine Übersicht über die einzelnen Bände der *Cahiers de la Quinzaine* findet man unter dieser Internet-Adresse: http://www.charlespeguy.fr/cahiers.

11 Théophile Naudy (1847–?), Direktor der *école normale des instituteurs du Loiret* in Orléans.

12 Gustave Fautras, Direktor der *école primaire annexée à l'école normale d'instituteurs du Loiret*.

13 Gemeint ist der Deutsch-Französische Krieg von 1870/71.

14 Augustinus schrieb seine *Confessiones* im Alter von 43 Jahren, Jean-Jacques Rousseau verfasste seine *Confessions* mit 53.

15 Charles Maurras (1868–1952), Mitgründer der nationalistischen Bewegung *Action française*. Seit

Le Mystère de la charité de Jeanne d'Arc (Januar 1910) und den damit einhergehenden Vereinnahmungsversuchen durch die *Action française* setzte sich Péguy immer wieder deutlich von dieser Bewegung und ihrem Gründer ab.

16 Wahrscheinlich handelt es sich hierbei um die Schriftstellerin Juliette Adam (1836–1936), eine Republikanerin, die im Jahre 1905 zum Katholizismus konvertierte (vgl. die Anmerkung von Antoine Compagnon in seinem Vorwort zu Péguy, *L'Argent*, Paris 2008, S. 26).

17 Wieder ist der Deutsch-Französische Krieg von 1870/71 gemeint.

18 Jules Michelet (1798–1874), französischer Historiker, der das »Volk« als Subjekt der Geschichte sah.

19 *O soldats de l'an deux ! ô guerres ! épopées ! (...) – Ils chantaient, ils allaient, l'âme sans épouvante – Et les pieds sans souliers !* Aus: Victor Hugo, *Les Châtiments* (1853), *A l'obéissance passive*, II, 7, V. 11–12.

20 Jean Jaurès (1859–1914) war ein sozialistischer Politiker und lange Zeit vorbildhaft für Charles Péguy.

21 Jaurès hat sich angesichts der zweiten marokkanischen Krise 1911 für eine Annäherung zwischen Deutschland und Frankreich und für eine Relativierung der französisch-russischen Allianz stark gemacht.

22 Anspielung auf die Wahl Raymond Poincarés zum Präsidenten der Republik am 17. Januar 1913.

23 Nicht nur Péguy machte den Marschall Mac-Mahon (1808–1893), der zwischen 1873 und 1879 Präsident der Republik war, für die Niederlage Frankreichs in Sedan am 2.9.1870 verantwortlich.

24 Zwei Verse aus dem französischen Kinderlied *La violette double, double.*

25 Joseph Bara (1779–1793), Held der Revolution, der im Alter von 14 Jahren in der Vendée starb.

26 »Hussards noirs de la République« ist der von Charles Péguy erfundene und dann sprichwörtlich gewordene Spitzname für die Grundschullehrer der Schulen der III. Republik.

27 Eine berühmte Reitschule im französischen Saumur.

28 Louis Lapicque (1866–1952), französischer Mediziner.

29 Charles Joseph Gravier (1865–1937), französischer Zoologe.

30 Am 16. Mai 1877 entließ der Mac-Mahon den republikanischen Premierminister Jules Simon. Die Krise vom 16. Mai wurde sprichwörtlich.

31 Anspielung auf Mt 12,25: »Doch Jesus wusste, was sie dachten, und sagte zu ihnen: Jedes Reich, das in sich gespalten ist, geht zugrunde, und keine Stadt und keine Familie, die in sich gespalten ist, wird Bestand haben.«

32 Zu dieser Stelle und zum weiteren Gedankengang: Robert Spaemann, *Der Ursprung der Soziologie aus dem Geist der Restauration. Studien über L. G. A. de Bonald*, München 1959.

33 Anspielung auf Theaterstücke von Victor Hugo.

34 Der Roman *Jean Coste ou l'instituteur du village* von Antonin Lavergne erschien im Jahre 1901 im 13. Heft der II. Serie der *Cahiers de la Quinzaine*; Péguys Überlegungen zu diesem Buch erschienen unter dem Titel *De Jean Coste* im dritten Heft der IV. Serie (1902).

35 Epigraph von Péguys *Ève*, erschienen im vierten *Cahiers* der 15. Serie, 28.12.1913: »Fidèle au fidèle«.

36 Vgl. Mt 26,11: »Denn die Armen habt ihr immer bei euch, mich aber habt ihr nicht immer.«

37 Vgl. Lk 14,11 und Mt 23,12: »Denn wer sich selbst erhöht, wird erniedrigt, und wer sich selbst erniedrigt, wird erhöht werden.«

38 *Deposuit potentes de sede et exaltavit humiles.* Aus dem Text des *Magnificat*, Lk 1,52: »Er stürzt die Mächtigen vom Thron / und erhöht die Niedrigen.«

39 »La sixième« entspricht im deutschen Schulsystem der 5. Klasse, also dem Übertritt ins Gymnasium nach fünf Jahren Grundschule.

40 In Deutschland entspricht das einer Berufsschule.

41 Edmond Simone und Jules Doret verfassten in den 1890er Jahren ein Handbuch des Griechisch- und Latein-Unterrichts.

42 Georges Édet (1854–1903), Griechisch- und Lateinlehrer, unterrichtete Péguy am Lycée Lakanal im Jahr 1891 und in den Jahren 1893–1894 am Lycée Louis-le-Grand.

43 Gemeint ist die *École Normale Supérieure* in Paris.

44 Hier bezieht sich Péguy wieder auf die Abhandlung Naudys, die im 7. Heft folgte und zu der sein Essay eine Einleitung darstellt.

45 Ernest Lavisse (1842–1922), einflussreicher französischer Historiker, den Péguy für die Reform der *École Normale Supérieure* im Jahre 1903 verantwortlich machte (vgl. Péguys *L'Argent suite*, 27.4.1913).

46 Fernand Laudet (1860–1933), französischer katholischer Schriftsteller, dem Péguy eine bürgerliche Interpretation der Religion vorwarf.

47 Vgl. Pierre Corneille, *Cinna, ou la Clémence d'Auguste* (1643), Akt II, Szene I, Vers 370: [Auguste]: »Et, monté sur le faîte, il aspire à descendre.«

48 Vgl. Anm. 34.

49 Das entspricht der 13. Klasse im ehemaligen deutschen Schulsystem der sog. reformierten Oberstufe.

50 Das entspricht der 8. Klasse im deutschen Schulsystem.

51 Das entspricht der mittleren Reife im deutschen Schulsystem, die für den Gymnasiasten keine eigene Prüfung darstellte.

52 Jede Beschäftigung mit der »Herrschaft des Geldes« muss sich dazu verhalten, dass die Ökonomie keine für sich isolierte und isolierbare »Sache« ist, sondern nur im wechselseitigen Verhältnis zur Technik und zum Medium verstanden werden kann. Gerade eine psychologische oder psychoanalytische Bestandsaufnahme muss verstehen, inwiefern sich der Narzissmus, die Perversion etc. im konkreten technischen Ding sowie in seiner medialen Präsentation ereignen. Péguy bezieht sich auf das »Stuhlbein«, er hätte sich im Jahre 1913 auf das Fließband beziehen können. Vgl. dazu Peter Trawny: Technik.Kapital.Medium. Das Universale und die Freiheit, Berlin 2015.

53 Peter Sloterdijk: Was geschah im 20. Jahrhundert? Unterwegs zu einer Kritik der extremistischen Vernunft. In: Ders., Was geschah im 20. Jahrhundert?, Berlin 2016, 101 ff.

54 Walter Benjamin, Fragmente. Autobiographische Schriften. Gesammelte Schriften. Bd. VI. Hrsg. von Rolf Tiedemann und Herman Schweppenhäuser, Frankfurt am Main 1985, 100. Vgl. auch: Paul Lafargue, Die Religion des Kapitals, Berlin 2009.

55 Georg Simmel, Deutschlands innere Wandlung, Rede, gehalten 1914, in Straßburg. In: Ders., Der

Krieg und die geistigen Entscheidungen. Reden und Aufsätze. Gesamtausgabe. Bd. 16. Frankfurt am Main 1999, 20: »Wie der wahrhaft Fromme zu seinem Gott betet, nicht nur weil er etwas von ihm wünscht oder hofft, sondern frei von solchen subjektiven Triebfedern, nur weil er Gott ist, das absolute, das um seiner selbst willen Anbetung fordernde Wesen – so verehrt der Mammonist das Geld und den in Geld ausdrückbaren Erfolg alles Tuns, sozusagen selbstlos, in reiner Ehrfurcht.«

56 Benjamin, Fragmente. Autobiographische Schriften. Gesammelte Schriften. Bd. VI. A. a. O., 100.

57 Vgl. Byung-Chul Han, Müdigkeitsgesellschaft. Berlin 2010.

58 Vgl. Andreas Büter, Die Rechtsfigur und Entwicklung der Geiselschaft des Mittelalters. Norderstedt 2004.

Die Originalausgabe erschien erstmals 1913 unter dem Titel *L'Argent* in der Zeitschrift *Les Cahiers de la Quinzaine.*

Erste Auflage Berlin 2017

MSB Matthes & Seitz Berlin Verlagsgesellschaft mbH
Göhrener Str. 7 | 10437 Berlin
info@matthes-seitz-berlin.de

Satz: psb, Berlin
Druck und Bindung: Art Druk, Szczecin
Umschlaggestaltung nach einer Idee
von Pierre Faucheux
ISBN 978-3-95757-317-9